9783867 529228
AF201706

# Inhaltsverzeichnis (1)

Beispiel  Definition  Hinweis/Beachte  Merke  Streit  Struktur/Prüfungsaufbau

# Inhaltsverzeichnis (2)

Beispiel · Definition · Hinweis/Beachte · Merke · Streit · Struktur/Prüfungsaufbau

# Begriffsbestimmung und Klausurrelevanz

**Europarecht** ➲ Recht der europäischen internationalen Organisationen

| **Europarecht im engeren Sinne** | **Europarecht im weiteren Sinne** |
|---|---|
| ➲ alle Vorschriften, welche die Europäische Union, ihre Organe und Institutionen betreffen oder von diesen erlassen wurden | ➲ alle Vorschriften, welche die institutionalisierte Zusammenarbeit europäischer Staaten außerhalb der Union betreffen |
| 🔎 Vertrag über die Europäische Union (EUV), Vertrag über die Arbeitsweise der Europäischen Union (AEUV), Richtlinien, Verordnungen | 🔎 Organisation für Sicherheit und Zusammenarbeit in Europa (OSZE), Europarat |

⚠ Abgrenzung nicht immer trennscharf möglich

🔎 Beitritt der EU zur EMRK, vgl. Art. 6 II 1 EUV

**Europarecht im Examen**

- Wenn die Prüfungsvorschriften über den Pflichtfachstoff (JAG/JAPO/etc.) von „Europarecht“ sprechen, meinen Sie **Europarecht im engeren Sinne**
- **Europarecht im engeren Sinne in der Examensklausur**
  - Als Abwandlung oder bloße Zusatzfrage
    🔎 Wer hat das Initiativrecht im Gesetzgebungsverfahren der Europäischen Union?
  - Als eigenständige Klausur mit prozessualer Einkleidung (🔎 Nichtigkeitsklage gegen eine Verordnung)
- **Europarecht im weiteren Sinne in der Examensklausur:** kann als Auslegungshilfe in Klausuren Relevanz entfalten (🔎 EMRK bei nationalen oder europäischen Grundrechten)

# Entwicklung der Europäischen Union (1)

| Datum | Vertrag | Inhalt |
|---|---|---|
| **09.05.1950** | **Schuman-Plan** | Französische und deutsche Kohle-/Stahlproduktion soll in einer unabhängigen supranationalen Organisation zusammengelegt und von dieser kontrolliert werden |
| **18.04.1951** (in Kraft getreten am 23.07.1952; **außer Kraft getreten am 23.07.2002**) | **EGKS-Vertrag** (Pariser Vertrag) | ▪ Gründungsmitglieder: Frankreich, Deutschland, Italien, Belgien, Niederlande, Luxemburg<br>▪ Vertragsdauer: 50 Jahre<br>▪ Ziel: Schaffung eines gemeinsamen Marktes für Kohle und Stahl |

**25.03.1957** (in Kraft getreten am 01.01.1958)

**„Römische Verträge"** (Verträge gelten auf unbestimmte Zeit)

- **EWG-Vertrag** – Ziel: Abbau der Schranken für Waren und Dienstleistungen
- **EAG-Vertrag** – Ziel: friedliche Nutzung und Kontrolle der Kernenergie

Gründungsmitglieder: Frankreich, Deutschland, Italien, Belgien, Niederlande, Luxemburg

| Datum | Vertrag | Inhalt |
|---|---|---|
| **08.04.1965** (in Kraft getreten am 01.07.1967) | **Fusionsvertrag** | Zusammenlegung der Organe und Institutionen der drei Gemeinschaften |
| **01.01.1973** | **Beitritt Dänemark, Irland, Großbritannien** | |
| **01.01.1981** | **Beitritt Griechenland** | |
| **01.01.1986** | **Beitritt Spanien, Portugal** | |

# Entwicklung der Europäischen Union (2)

**28.02.1986**
(in Kraft getreten am 01.07.1987)

**Einheitliche Europäische Akte (EEA)**

Erste Revision der Gründungsverträge:
- Stärkung des Europäischen Parlaments
- Verwirklichung des Binnenmarkts bis zum 31.12.1992
- Institutionalisierung der Europäischen Politischen Zusammenarbeit (EPZ)
- Ziel: Schaffung einer Europäischen Union

**07.02.1992**
(in Kraft getreten am 01.11.1993)

**Vertrag über die Europäische Union (Maastrichter Verträge)**

- Begründung der EU als Dachorganisation der EG
- Gemeinsame Außen- und Sicherheitspolitik (GASP) und polizeiliche und justizielle Zusammenarbeit (PJZS)
- Ziel: Schaffung einer Wirtschafts- und Währungsunion

**01.01.1995** **Beitritt Österreich, Schweden, Finnland**

**02.10.1997**
(in Kraft getreten am 01.05.1999)

**Amsterdamer Vertrag**

- Stärkung des Europäischen Parlaments
- Übernahme vieler PJZS-Angelegenheiten in EGV
- Neunummerierung des EUV und EGV

**26.02.2001**
(in Kraft getreten am 01.02.2003)

**Vertrag von Nizza**

- Veränderung der Zusammensetzung und Funktionsweise der Organe
- Ausbau des Mehrheitsprinzips

# Entwicklung der Europäischen Union (3)

| | | |
|---|---|---|
| **16.04.2003** | **EU-Gipfel in Athen** → | Vorbereitung der sog. EU-Osterweiterung |
| **01.05.2004** | **Beitritt Estland, Lettland, Litauen, Polen, Ungarn, Tschechische Republik, Slowakische Republik, Slowenien, Malta, Zypern** | |
| **18.06.2004** | Annahme der Verfassung für Europa durch die Staats- und Regierungsschefs | |
| **29.10.2004** | Unterzeichnung der Verfassung für Europa von Staats- und Regierungschefs | |
| **16.06.2005** | EU-Gipfel in Athen: nach Ablehnung der Verfassung für Europa durch Frankreich und die Niederlande wird Ratifizierungsprozess bis Mitte 2007 verlängert | |
| **13.12.2007** (in Kraft getreten am 01.12.2009) | **Vertrag von Lissabon** → | ▪ EU mit eigener Rechtspersönlichkeit ausgestattet, Rechtsnachfolge in der EG<br>▪ Ersetzung von EGV/EUV durch EUV/AEUV<br>▪ Einführung eines Hohen Vertreters für die Außen- und Sicherheitspolitik<br>▪ Stärkung der Position des Europäischen Parlaments<br>▪ Klare Kompetenzverteilung zwischen EU und Mitgliedstaaten<br>▪ Einführung eines Austrittsrechts |
| **01.01.2007** | **Beitritt Rumänien und Bulgarien** | |
| **01.07.2013** | **Beitritt Kroatien** | |
| **31.01.2020** | **Austritt Großbritannien („Brexit“)** | |

# Rechtsnatur der EU

## Staat

- ➲ Staatsvolk, Staatsgebiet, (originäre) Staatsgewalt
- Staatsgebiet (+), vgl. Art. 52 EUV
- Staatsvolk (–), nur „Unionsbürgerschaft“
- Staatsgewalt (–), Ableitung von den Mitgliedstaaten (vgl. Art. 23 I 2 GG), keine „Kompetenz-Kompetenz“ (stattdessen: Grundsatz der begrenzten Einzelermächtigung, vgl. Art. 5 I 1, II EUV)

## Staatenbund

- ➲ Verbindung souveräner Staaten mit nur lockerer Organisation
- Lockere Organisation aufgrund Regelungen in EUV/AEUV (–)

## Bundesstaat

- ➲ Durch Verfassung des Gesamtstaats gebildete staatsrechtliche Zusammenfassung von Staaten
- Staatsqualität des Gesamtstaats (–), siehe links

## Europäische Union als „Staatenverbund“

- ➲ Enge, auf Dauer angelegte Verbindung souverän bleibender Staaten, die auf vertraglicher Grundlage öffentliche Gewalt ausübt, deren Grundordnung allein der Verfügung der Mitgliedstaaten unterliegt und in der die Bürger der Mitgliedstaaten Subjekte demokratischer Legitimation bleiben
- Staatenverbund ist **Verbindung sui generis**
- **Eigene Rechtspersönlichkeit** der EU, Art. 47 EUV
- Rechtsnachfolgerin der Gemeinschaften, Art. 1 III 3 EUV
- Inzwischen ausgebaut zum Staaten-, Verfassungs-, Verwaltungs- und Rechtsprechungsverbund (so BVerfG)

# Rechtsnatur des EU-Rechts; Einordnung des Völkerrechts

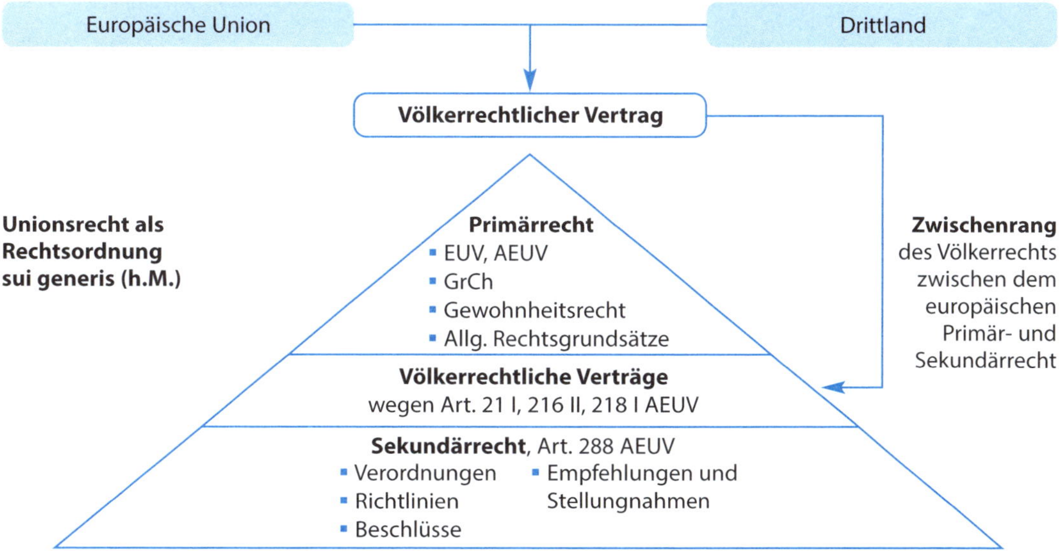

Europäische Union | Drittland

**Völkerrechtlicher Vertrag**

**Unionsrecht als Rechtsordnung sui generis (h.M.)**

**Primärrecht**
- EUV, AEUV
- GrCh
- Gewohnheitsrecht
- Allg. Rechtsgrundsätze

**Völkerrechtliche Verträge**
wegen Art. 21 I, 216 II, 218 I AEUV

**Sekundärrecht**, Art. 288 AEUV
- Verordnungen
- Richtlinien
- Beschlüsse
- Empfehlungen und Stellungnahmen

**Zwischenrang** des Völkerrechts zwischen dem europäischen Primär- und Sekundärrecht

# Organe der Europäischen Union – Überblick

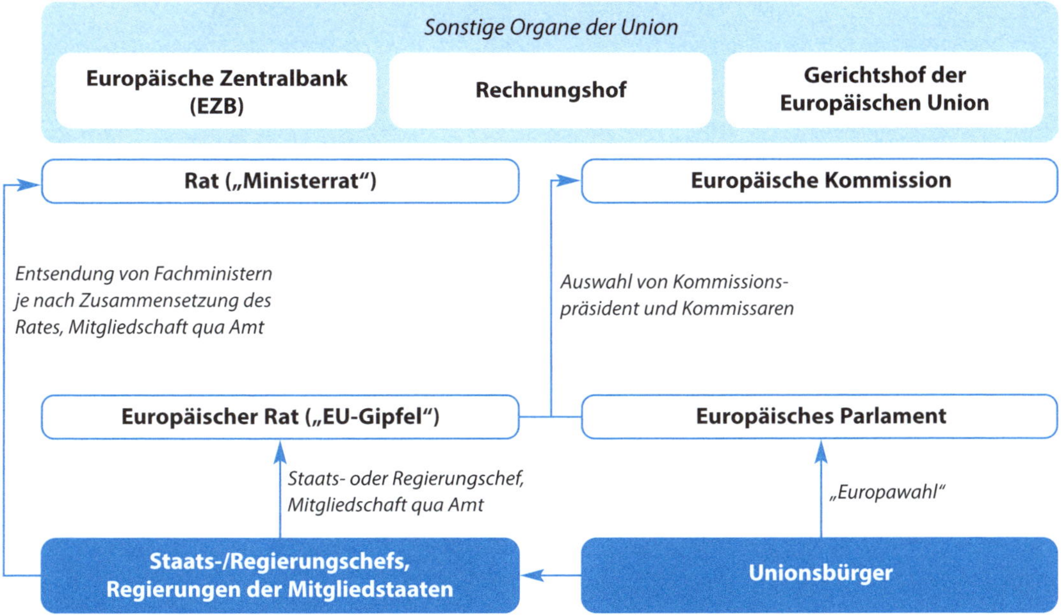

*Sonstige Organe der Union*

**Europäische Zentralbank (EZB)**

**Rechnungshof**

**Gerichtshof der Europäischen Union**

**Rat („Ministerrat“)**

**Europäische Kommission**

*Entsendung von Fachministern je nach Zusammensetzung des Rates, Mitgliedschaft qua Amt*

*Auswahl von Kommissionspräsident und Kommissaren*

**Europäischer Rat („EU-Gipfel“)**

**Europäisches Parlament**

*Staats- oder Regierungschef, Mitgliedschaft qua Amt*

*„Europawahl“*

**Staats-/Regierungschefs, Regierungen der Mitgliedstaaten**

**Unionsbürger**

Ununterbrochene Legitimationskette von den Unionsbürgern zu den Organen der Union!

# Europäisches Parlament, Art. 14 EUV, Art. 223 ff. AEUV

## I. Sitze

Straßburg (Hauptsitz), Luxemburg (Verwaltungssitz), Brüssel (Ausschüsse) ⇨ sog. „Wanderzirkus"

## II. Zusammensetzung

- Max. 750 Abgeordnete + Präsident(in), Art. 14 II 1 EUV
  - Verteilung auf Mitgliedstaaten nach **Grundsatz degressiver Proportionalität**, Art. 14 II UAbs. 1 S. 3, 4 EUV
  - Trotz fehlender Wahlrechtsgleichheit (kein gleicher Erfolgswert) demokratisch, vgl. Art. 14 III EUV
- **Wahlrechtsgrundsätze:** allgemein, unmittelbar, frei, geheim, Art. 14 III EUV
- Wahlsystem: **Verhältniswahl**, § 2 I 1 EuWG; 3 %- und 5 %-Sperrklausel nach bislang h.M. verfassungswidrig, muss aber nach Art. 3 II DWA n.F. zur Europawahl 2024 eingeführt werden
- **Wahlberechtigt:** Unionsbürger über 18 Jahre, die Wohnsitz/Aufenthalt in der EU haben, Art. 22 II AEUV

## III. Aufgaben

- **Gesetzgeber**, i.d.R. gleichberechtigt neben dem Rat (ordentl. Gesetzgebungsverfahren, s. 🗗 25 ff.)
- Aufstellung des EU-Haushalts, Art. 314 AEUV
- Kreationsfunktion: Wahl des Präsidenten der Kommission, Art. 17 VII UAbs. 1 S. 2 EUV
- Kontrollfunktion: Untersuchungsausschuss (Art. 226 AEUV), Misstrauensantrag (Art. 234 AEUV), Klagerecht (Art. 263 II AEUV)

## IV. Beschlussfassung

I.d.R. Mehrheit der abgegebenen Stimmen, Art. 231 I AEUV

# Europäischer Rat, Art. 15 EUV, Art. 235 ff. AEUV

## I. Sitze

Brüssel; zwei Sitzungen pro Halbjahr (sog. **„EU-Gipfel“**), Art. 15 III 1 EUV

## II. Zusammensetzung

- **Staats- und Regierungschefs** der Mitgliedstaaten, Mitgliedschaft qua Amt
- Präsident des Europäischen Rates
  - Vom Europäischen Rat gewählt, Inkompatibilität mit sonstigen Ämtern, Art. 15 VI UAbs. 3 EUV
  - Aufgaben: Leitung, Vermittlung, Dokumentation, Außenvertretung der EU (neben Hohem Vertreter)
- Präsident der Kommission
- Hoher Vertreter für Außen- und Sicherheitspolitik

Hoher Vertreter allerdings nur Teilnehmer – keine Mitwirkung bei Beschlussfassung, Art. 15 II 2 EUV

## III. Aufgaben

- **Politisches Leitungsgremium der EU**, Art. 15 I EUV
- Personalpolitik: Nominierung Kommissionspräsident (Art. 17 VII EUV), Ernennung Direktorium EZB (Art. 283 II UAbs. 2 AEUV), Ernennung/Abberufung Hoher Vertreter für Außen-/Sicherheitspolitik (Art. 18 I EUV)
- Feststellung Grundwerteverletzung durch Mitgliedstaat, Art. 7 II EUV

## IV. Beschlussfassung

I.d.R. **Konsensverfahren**, Art. 15 IV EUV – Heißt nicht Einstimmigkeit!

# Rat, Art. 16 EUV, Art. 237 ff. AEUV (1)

## I. Sitze

Brüssel, drei Monate im Jahr Luxemburg (Art. 341 AEUV)

## II. Zusammensetzung

- Regierungsvertreter der Mitgliedstaaten auf **Ministerebene**, Art. 16 II EUV
  - Grds. Fachminister je nach Ratsformation, Art. 16 VI UAbs. 1 EUV
  - Ausnahmsweise Staatssekretäre (gewohnheitsrechtlich anerkannt)
  - Ausnahmsweise Ländervertreter, wenn im Schwerpunkt bestimmte ausschließliche Gesetzgebungsbefugnisse der Bundesländer betroffen sind, Art. 23 VI GG

  ⚠ Mitgliedschaft qua Amt, kein freies Mandat, **Bindung an Weisungen und nationale Verfassung**
- Mögliche **Ratsformationen**
  - Allgemeine Angelegenheiten, Art. 16 VI UAbs. 2 EUV
  - Auswärtige Angelegenheiten, Art. 16 VI UAbs. 3 EUV
  - Im Übrigen: Beschluss des Europäischen Rates nach Art. 236 Buchst. a AEUV, s. Anhang I GORat

    Justiz und Inneres
- **Leitung** der Ratssitzungen
  - Vertreter eines Mitgliedstaates für die Dauer von 6 Monaten (sog. Ratspräsidentschaft)

    ⚠ Ausnahme: Rat „Auswärtige Angelegenheiten" wird vom Hohen Vertreter für Außen- und Sicherheitspolitik geleitet, Art. 18 III EUV
  - Prinzip der gleichberechtigten Rotation, Art. 16 IX EUV
  - Aufgrund von Zusammenarbeit mit vorherigem und nächsten Mitgliedstaat auch **„Troika"** genannt

# Rat, Art. 16 EUV, Art. 237 ff. AEUV (2)

## III. Aufgaben

- **Gesetzgeber** (i.d.R. gleichberechtigt neben Europäischem Parlament), Art. 16 I EUV

  ⚠ Nur indirektes Initiativrecht, Art. 241 AEUV
- Beschluss über den Beitritt von Staaten zur EU, Art. 49 I 3, 4 EUV
- Aufstellung des Haushalts der EU (gemeinsam mit Europäischem Parlament), Art. 341 AEUV
- Koordinierung u.a. der Wirtschaftspolitik (Art. 120, 121 AEUV)
- Mitwirkung beim Auswärtigen Handeln der EU

  🔍 Abschluss von Abkommen mit Drittstaaten, Art. 218 AEUV; Verhängung von Wirtschaftsembargos, Art. 215 AEUV

## IV. Beschlussfassung

- Grds. qualifizierte Mehrheit, Art. 16 III EUV
  - **System der doppelten Mehrheit:** Grds. 15 Mitgliedstaaten, die zugleich 65 % der Unionsbürger repräsentieren, Art. 16 IV UAbs. 1 EUV
  - Sperrminorität: grds. vier Ratsmitglieder/Mitgliedstaaten, Art. 16 IV UAbs. 2 EUV

  ⚠ Modifikationen nach Art. 238 II, III AEUV
- Ausnahme: einfache Mehrheit, Art. 238 I AEUV (🔍 Aufforderung der Kommission, Art. 241 AEUV)
- Ausnahme: Einstimmigkeit, Art. 238 IV AEUV (🔍 Beitritt neuer Mitgliedstaaten, Art. 49 I 3 EUV)

# Europäische Kommission, Art. 17 EUV, Art. 244 ff. AEUV (1)

## I. Sitze

Brüssel; Nebensitz Luxemburg

## II. Zusammensetzung

- Präsident der Kommission
  - Voraussetzungen: Staatsangehörigkeit eines Mitgliedstaates, allgemeine Befähigung, Einsatz für Europa, Unabhängigkeit, Art. 17 III–V EUV
  - Ernennungsverfahren: Vorschlag des Europäischen Rates, Wahl durch Europäisches Parlament, Art. 17 VII EUV
- Hoher Vertreter für Außen- und Sicherheitspolitik
  - Zugleich Kommissar und Hoher Vertreter = **Doppelhutlösung**, Art. 18 IV EUV
  - Voraussetzungen: wie Präsident und Kommissare, Art. 17 III UAbs. 2 EUV
  - Ernennungsverfahren: Ernennung durch Europäischen Rat mit Zustimmung des Präsidenten der Kommission, Art. 18 I 1 EUV
- Weitere Kommissare
  - Anzahl:
    - Grds. 2/3 der Mitgliedstaaten, Prinzip der gleichberechtigten Rotation, Art. 17 V UAbs. 2 S. 1 EUV = 18
    - Ausnahme nach Beschluss des Europäischen Rates, Art. 17 V UAbs. 1 a.E. EUV): ein Kommissar pro Mitgliedstaat = 27 – Ausnahme ist derzeit die Regel!
  - Voraussetzungen: wie Präsident, Art. 17 III UAbs. 2 EUV

# Europäische Kommission, Art. 17 EUV, Art. 244 ff. AEUV (2)

## II. Zusammensetzung (Fortsetzung)

- Ernennungsverfahren: Vorschlag des Rates, Einvernehmen des Präsidenten der Kommission, Zustimmung des Europäischen Parlaments, Art. 17 VI UAbs. 2 S. 1, UAbs. 3 EUV
- Kommissare sind unabhängig, Art. 17 III UAbs. 3 S. 1 EUV

  Einflussnahmeverbot (Art. 245 I 2 AEUV), Verbot der parallelen Beschäftigung (Art. 245 II 1 AEUV)

- Amtszeit
  - Grds. 5 Jahre, Art. 17 III UAbs. 1 EUV
  - Wiederwahl unbegrenzt möglich
  - Vorzeitiges Ende möglich durch Todesfall (Art. 246 I AEUV), freiwilligen Rücktritt einzelner Kommissare (Art. 246 I AEUV) oder der gesamten Kommission (Art. 246 VI AEUV), Abberufung (Art. 17 VI UAbs. 2 S. 1 EUV), Amtsenthebung (Art. 246 I i.V.m. Art. 247 AEUV) oder Misstrauensvotum (Art. 17 VIII 2 EUV)

    Abberufung des Hohen Vertreters für Außen- und Sicherheitspolitik ausgeschlossen, Art. 246 V AEUV

## III. Aufgaben

- **Kommission**
  - Exekutivfunktion, Art. 17 I 5 EUV

    Überwachung staatlicher Subventionen (Art. 107 ff. AEUV), Kartellbehörde (Art. 101 ff. AEUV)

  - Initiativfunktion: **Initiativmonopol** im Gesetzgebungsverfahren, sog. **Motor der Verträge**

# Europäische Kommission, Art. 17 EUV, Art. 244 ff. AEUV (3)

## III. Aufgaben (Fortsetzung)

- Wächterfunktion: Kommission als **Hüterin des Unionsrechts**
  Vertragsverletzungsverfahren (Art. 258 AEUV), Empfehlungen/Stellungnahmen (Art. 288 V AEUV)
- Außenvertretung der EU, soweit Außen- und Sicherheitspolitik nicht betroffen, Art. 17 I 6 EUV

- **Präsident der Kommission**
  - Festlegung der Leitlinien der Kommissionsarbeit, Art. 17 VI UAbs. 1 Buchst. a EUV
  - Interne Organisation der Kommission durch Zuweisung von Sachkompetenzen an einzelne Kommissare, Art. 17 VI UAbs. 1 Buchst. b EUV
  - Ernennung von Vizepräsidenten, Art. 17 VI UAbs. 1 Buchst. c EUV
- **Hoher Vertreter für Außen- und Sicherheitspolitik**
  - Leitung der Außen- und Sicherheitspolitik, Art. 18 II 2 EUV i.V.m. Art. 23 ff. EUV
  - Vorsitz des Rates „Auswärtige Angelegenheiten“, Art. 18 III EUV
  - Teilnahmerecht an Sitzungen des Europäischen Rates, Art. 15 II 2 EUV

## IV. Beschlussfassung

- Einfache Mehrheit, Art. 250 AEUV
- Hintergrund: Kommission ist als Kollegium dem Europäischen Parlament politisch verantwortlich (Art. 17 VIII 1 EUV), sodass Entscheidungen immer im Plenum getroffen werden müssen

# Europäische Zentralbank, Art. 282 ff. AEUV

## I. Sitz

Frankfurt am Main

## II. Zusammensetzung

- **Direktorium**
  - Präsident, Vizepräsident, vier weitere Mitglieder, Art. 283 II UAbs. 1 AEUV
  - Voraussetzungen: Staatsangehörigkeit eines Mitgliedstaates, zum Kreis der in Währungs- oder Bankfragen anerkannten und erfahrenen Persönlichkeiten gehörig, Art. 283 II UAbs. 2, UAbs. 4 AEUV

    ⚠ Weiter, kaum justiziabler Beurteilungsspielraum!
  - Ernennung: durch Europäischen Rat auf Vorschlag des Rates
- **Rat der Europäischen Zentralbank**
  - Mitglieder des Direktoriums, alle Präsidenten der nationalen Zentralbanken
  - Keine Ernennung, sondern Mitgliedschaft qua Amt

## III. Aufgaben

- Währungspolitik i.S.v. Art. 127 ff. AEUV

  Ziel: Preisstabilität im Euroraum gewährleisten
- Dabei unabhängig und frei von Weisungen, Art. 130 I, 282 II 3, 4 AEUV

# Sonstige Organe und Gremien der EU

- **Rechnungshof**
  - Organ mit Sitz in Luxemburg
  - Aufgabe: Rechnungsprüfung, Art. 285 ff. AEUV
    - Prüfung aller Einnahmen und Ausgaben der EU auf Recht- und Ordnungsmäßigkeit
    - Überwacht Wirtschaftlichkeit der Haushaltsführung
- Zusätzliche organunterstützende Gremien ohne Organqualität, Art. 13 IV EUV i.V.m. Art. 300 ff. AEUV
  - **Wirtschafts- und Sozialausschuss**
    - Max. 350 Vertreter verschiedener Gesellschafts-/Wirtschaftsgruppen, vgl. Art. 300 II, 301 AEUV
    - Spiegelung der Interessen der vertretenen Gruppen durch Stellungnahmen, insbes. bei Gesetzgebungsvorhaben

      Vorhaben zur Arbeitnehmerfreizügigkeit/Niederlassungsfreiheit (obligatorisch!), fakultative Anhörung, Art. 304 I 2 AEUV
  - **Ausschuss der Regionen**
    - Max. 350 Mitglieder, die in der Regionalpolitik verwurzelt sind, Art. 300 III, 305 I AEUV

      Mitglieder des Stadtrates, Stadtverordnete
    - Beteiligung an Rechtsetzungsverfahren durch Anhörungen und Stellungnahmen

      Strukturfragen der transeuropäischen Netze, Art. 172 AEUV

# Beitritt zur EU

## I. Voraussetzungen

- **Europäischer Staat** ➲ Staaten mit naher räumlicher und wirtschaftlicher Beziehungen zur Union
- **Kopenhagener Kriterien**, Art. 2 EUV = Grundwerte der EU
  - Politisch: Freiheit, Demokratie, Menschenrechte, Rechtsstaatlichkeit entspr. EU-Verfassungstradition
  - Wirtschaftlich: funktionsfähige Marktwirtschaft, die Integrationsdruck Stand hält
  - Acquis: Gewähr, dass aus Beitritt resultierende Verpflichtungen übernommen werden (können)
  - Aufnahmefähigkeit: Union bleibt in der Lage, neue Mitglieder aufzunehmen

## II. Beitrittsverfahren

- Einleitung, Art. 49 I EUV
  - Antrag des aufnahmewilligen Staates
  - Vorläufige Stellungnahme der Kommission
  - Beschluss über die Aufnahme von Beitrittsverhandlungen durch Rat (ab jetzt: Beitrittskandidat)
- Verhandlung zwischen Rat/Kommission für die EU mit Beitrittskandidat
- Abschluss
  - Beitrittsbeschluss des Rates mit Zustimmung des Europäischen Parlaments
  - Beitrittsvertrag zwischen dem Beitrittskandidaten und allen Mitgliedstaaten, Art. 49 II EUV

## III. Wirkungen des Beitritts

Vollwertiges EU-Mitglied, vollständige Übernahme des EU-Rechts

# Austritt aus der EU

## I. Voraussetzungen

Nach h.M. keine Voraussetzungen; Art. 50 I EUV begründet **einseitiges Kündigungsrecht**

## II. Austrittsverfahren

- **Mitteilung der Austrittsabsicht**
  - Voraussetzungen für Austritt: nach h.M. keine
  - Adressat: Europäischer Rat, Art. 50 II 1 EUV
  - Inhalt: eindeutige und unbedingte Austrittserklärung

  ⚠ Einseitige Rücknahme der Austrittserklärung bis zum Abschluss des Austrittsvertrags oder zum Ablauf der Frist aus Art. 50 III EUV möglich!
- **Austrittsverhandlungen**
  - Nach hierfür festgelegten Leitlinien des Europäischen Rates, Art. 50 II 2 EUV
  - Durchführung durch Kommission
  - Ziel: Regelung der Einzelheiten des Austritts und der künftigen Beziehungen

    ⚠ Keine präzise Vorgabe für den Inhalt!
  - Frist: -- 2 Jahre ab Mitteilung der Austrittsabsicht, Art. 50 III EUV
    -- Bei Fristablauf ohne Abschluss eines Austrittsabkommens: automatisches Ausscheiden des Mitgliedstaates ohne Austrittsabkommen (sog. **sunset-clause**)
- **Austrittsabkommen**
  - Abschluss entsprechend des Ergebnisses der Austrittsverhandlungen
  - Vorheriger Beschluss des Rates mit qualifizierter Mehrheit, Zustimmung des EU-Parlaments

  💡 Vertrag wird zwischen austretenden Mitgliedstaat und EU geschlossen, kein actus contrarius zum Beitritt

# Rechtsquellen des Unionsrechts – Überblick

**I. Primäres Unionsrecht**

➲ das unmittelbar von den Mitgliedstaaten geschaffene Recht

**1. Gründungsverträge der Union**
mit Anhängen, Protokollen und Änderungen
**2. GRCh** wg. Art. 6 I Hs. 2 EUV

**3. Ungeschriebenes primäres Unionsrecht**
- Allgemeine Rechtsgrundsätze
- Gewohnheitsrecht

**II. Sekundäres Unionsrecht**

➲ Rechtsakte der Unionsorgane auf Grundlage der in den Verträgen verliehenen Kompetenzen

**Verordnung**
(Art. 288 II AEUV)
- Abstrakt-generelle Regelung
- Unmittelbare Geltung in den Mitgliedstaaten
- Vergleichbar „Gesetz"
- 🔍 Datenschutz-Grundverordnung

**Richtlinie**
(Art. 288 III AEUV)
- Abstrakt-generelle Regelung
- Keine unmittelbare Geltung; Zielvorgabe für Rechtsangleichung
- Rechtsakt sui generis
- 🔍 Digitale-Inhalte-Richtlinie (Schuldrechtsreform 2022)

**Beschlüsse**
(Art. 288 IV AEUV)
- Konkret-generelle Regelung
- Adressatenspezifisch: an einen bestimmten Adreassaten gerichtet (vergleichbar VA)
- Adressatenlos: nur unionsinterne Verwendung
- Unmittelbare Geltung

**Empfehlung, Stellungnahme**
(Art. 288 V AEUV)
- Keine verbindliche Regelung
- Evtl. Voraussetzung für Organhandeln (insbes. im Gesetzgebungsverfahren)

⚠ Organe haben Wahlfreiheit hinsichtlich der Handlungsform; Art. 288 AEUV ist keine Kompetenznorm

## Primäres Unionsrecht

### Gründungsverträge

- Verträge über die Gründung und Arbeit der Union
  - EUV
  - AEUV
- Anhänge und Protokolle, Art. 51 EUV
- Änderungen der Gründungsverträge

### GRCh

- Grundrechte-Katalog mit Geltung für
  - EU-Organe
  - Mitgliedstaaten
- Über Art. 6 I Hs. 2 EUV rechtlich gleichrangig mit Gründungsverträgen

### Gewohnheitsrecht

Soweit es sich unmittelbar aus der Anwendung der Vorschriften aus EUV/AEUV entwickelt hat

Entsendung von Staatssekretären entgegen Art. 16 II EUV

### Allgemeine Rechtsgrundsätze

- Vom EuGH geschaffen

  Amtsermittlungsgrundsatz, Verhältnismäßigkeit
- Vertragsrechtlich anerkannt z.B. über Art. 340 II AEUV

---

- **Unmittelbare Geltung** ➲ Primärrecht gehört in allen Mitgliedstaaten zur verbindlichen und zu vollziehbaren Rechtsordnung
- **Unmittelbare Anwendbarkeit** ➲ Ableitung von Rechten und Pflichten des Einzelnen, wenn Normen des Primärrechts hinreichend genaue und unbedingte Verpflichtung/Berechtigung enthalten

# Sekundäres Unionsrecht: Verordnung und Beschluss

## I. Verordnung, Art. 288 II AEUV

- **Allgemeine Geltung:** Verordnung regelt eine **unbestimmte Vielzahl** von Sachverhalten **generell und abstrakt**, ist daher mit einem **Gesetz vergleichbar**
- **Unmittelbare Geltung in den Mitgliedstaaten:** Verordnung gilt mit ihrem Inkrafttreten in den und nicht nur für die Mitgliedstaaten
  - Transformation oder Inkorporation in nationales Recht nicht erforderlich
  - Behörden/Gerichte müssen Verordnung anwenden
  - entgegenstehendes nationales Recht wird verdrängt = wird nicht angewandt
  - unmittelbare Berechtigung/Verpflichtung der betroffenen Individuen

  🔎 Datenschutz-Grundverordnung

## II. Beschluss, Art. 288 IV AEUV

- Beschluss enthält **konkret-individuelle** Regelung
  - ist der Beschluss an **bestimmte bzw. festgelegte Adressaten** (sog. **adressatspezifischer** Beschluss) gerichtet, bindet er diese unmittelbar, daher ist Beschluss **mit VA i.S.d. § 35 S. 1 VwVfG vergleichbar**

    🔎 Entscheidungen im Prüfverfahren von Beihilfen, vgl. Art. 108 II AEUV
  - Beschluss ist aber nicht zwingend an einen bestimmten Adressaten gerichtet (sog. **adressatenloser** Beschluss); dann ist Beschluss mit einer Allgemeinverfügung i.S.d. § 35 S. 2 VwVfG vergleichbar
- Adressaten können **Individuen** (natürliche oder juristische Personen) oder **Mitgliedstaaten** sein
- Beschluss wirkt für Adressaten **unmittelbar**, d.h. **ohne Transformationsakt**

# Sekundäres Unionsrecht: Richtlinie

## I. Rechtsnatur und Wirkung

- Richtlinie hat **keine allgemeine Geltung**, sondern ist **nur für Adressaten** – einen Mitgliedstaat, mehrere oder alle Mitgliedstaaten – **verbindlich**
- Richtlinie ist nur hinsichtl. des in ihr **festgelegten Ziels verbindlich**, nicht wie Verordnung in all ihren Teilen
- Richtlinie hat **grundsätzlich keine unmittelbare Wirkung**, sondern sie muss in nationales Recht umgesetzt werden und ist erst danach auch für Unionsbürger verbindlich (Ausnahme: vgl. 🗗 23)
  ⇨ **zweistufiges Rechtssetzungsverfahren**

## II. Rechtsfolge für die Mitgliedstaaten: Umsetzungspflicht

- **Art und Weise** der Transformation in nationales Recht
  - Umsetzung muss so erfolgen, dass **praktische Wirksamkeit (effet utile)** gewährleistet ist, Art. 4 III UAbs. 2 EUV
  - Beachtung der Grundsätze der **Rechtssicherheit** und **Rechtsklarheit**
  - **Rechtsnormvorbehalt:** Umsetzung durch formelles Gesetz oder Rechtsverordnung
    💡 Änderung der Verwaltungspraxis oder Umsetzung durch Verwaltungsvorschrift reicht nicht (h.M.⚡)!
- **Inhaltliche Umsetzung**
  - Minimum: Herbeiführung des in der Richtlinie vorgegebenen Rechtsstandes
  - Möglich: über Mindestmaß der Richtlinie hinausgehen (sog. **überschießende Umsetzung**)
- **Umsetzungsfrist**
  - Wird in der Richtlinie selbst vorgegeben
  - Fruchtloser Fristablauf = Vertragsverletzung durch den Mitgliedstaat (zur Haftung vgl. 🗗 69 f.) oder unmittelbare Wirkung der Richtlinie (⇨ 🗗 23)

## Unmittelbare Wirkung von Richtlinien

- Richtlinie hat **grundsätzlich keine unmittelbare Wirkung**, sondern bedarf der Umsetzung in nationales Recht (⇨ 🗗 22), Abgrenzung zur Verordnung
- Aber **ausnahmsweise unmittelbare Wirkung** möglich
  arg.: – effet utile (praktische Wirksamkeit des Unionsrechts), Funktionsfähigkeit der EU
  – Sanktion für Mitgliedstaaten, die ihrer Umsetzungspflicht nicht nachkommen

### I. Voraussetzung der unmittelbaren Wirkung

**1. Umsetzungsfehler bei Ablauf der Umsetzungsfrist**

- Umsetzungsausfall ➲ Richtlinie überhaupt nicht umgesetzt
- Umsetzungsdefizit ➲ Richtlinie unzulänglich (nicht/nicht ordnungsgemäß) umgesetzt

**2. Richtlinie inhaltlich unbedingt (self executing)** ➲ vorbehaltslos und ohne Bedingung anwendbar, bedarf keiner weiteren gestalterischen Maßnahme der Organe der Mitgliedstaaten oder der Union

**3. Richtlinie hinreichend genau** ➲ wenn sich Adressat und Inhalt der Pflicht bei anspruchsbegründenden Normen Gläubiger, Schuldner, Anspruchsinhalt ergeben

### II. Rechtsfolge der unmittelbaren Wirkung

- **Vertikale Direktwirkung zugunsten des Bürgers** gegen den Staat: mitgliedstaatliche Behörden und Gerichte müssen Richtlinieninhalt **von Amts wegen** so anwenden, als sei ordnungsgemäße Umsetzung erfolgt
- **Keine vertikale Direktwirkung zulasten des Bürgers**
  arg.: wäre Widerspruch zum Sanktionsgedanken der unmittelbaren Wirkung
- **Keine horizontale Direktwirkung**, d.h. unmittelbare Wirkung zwischen Privaten (h.M.ϟ)
  arg.: Widerspruch zum Sanktionsgedanken, Verschleierung des Unterschieds Verordnung/Richtlinie

# Rechtssetzung – Kompetenzen der EU

## I. Verbandskompetenz

Verbandskompetenz betrifft die Frage, ob die **Rechtssetzungskompetenz bei der Union oder bei den Mitgliedstaaten** liegt

- Union besitzt **keine Kompetenz-Kompetenz**, sondern es gilt das **Prinzip der begrenzten Einzelermächtigung**, vgl. Art. 5 II EUV (Union ist nur Staatsverbund, s. 🗗 5)
- **Kompetenzverteilung im Einzelnen:**
  - Verträge enthalten keinen zentralen Katalog mit Kompetenzzuweisungen
  - Arten der Kompetenzzuweisung:

| Ausschließliche Zuständigkeit | Geteilte Zuständigkeit | Unterstützende Zuständigkeit |
|---|---|---|
| Zuständigkeit zum Erlass von Rechtsakten ist endgültig und vollständig auf Union übergegangen, Art. 2 I AEUV<br>■ Angeordnet für Zollunion, gemeinsame Handelspolitik, Art. 3 I AEUV | es sind entweder Mitgliedstaaten oder Union zuständig (alternative Zuständigkeit); Mitgliedstaaten verlieren Zuständigkeit, soweit Union Kompetenz nutzt und sie weiter nutzen will, Art. 2 II AEUV<br>■ Hauptfälle in Art. 4 II AEUV genannt | in Anknüpfung an mitgliedstaatliche Akte kann Union unterstützend tätig werden, Art. 2 V, 6 I 2 AEUV |

💡 Ungeschriebene Kompetenzen durch extensive Auslegung der Kompetenztitel (sog. **implied-powers-Theorie**)!

## II. Organkompetenz

Organkompetenz betrifft die Frage, **welches Organ zur Rechtssetzung befugt ist**

- Ergibt sich aus jeweiliger Ermächtigungsgrundlage, die man im Einzelfall für Verbandskompetenz bereits festgestellt hat

# Rechtsetzungsverfahren der EU (1)

## I. Allgemeines

In den Art. 289 ff. AEUV sind verschiedene Rechtssetzungsverfahren geregelt, die von einer unterschiedlichen Beteiligung des Europäischen Parlaments (EP) geprägt sind.

## II. Ordentliches Gesetzgebungsverfahren, Art. 289 I, 294 AEUV

- Regelfall der Gesetzgebung
- Rat und EP müssen zum Erlass einer Verordnung, Richtlinie oder eines Beschlusses gemeinsam handeln, vgl. Art. 289 I AEUV (Zwei-Kammer-System)
- Verfahrensablauf, Art. 294 AEUV

| | | |
|---|---|---|
| **Initiative (Art. 294 II AEUV)** | | |
| Kom: | Vorschlag der Kom. an EP und Rat | |
| (WSA/AReg:) | (ggf. Anhörung WSA/Ausschuss der Regionen – je nach Kompetenznom) | |
| **1. Lesung (Art. 294 III–VI AEUV)** | | |
| **EP:** | EP legt seinen Standpunkt fest | |
| **Rat:** | Rat **billigt** den Standpunkt des EP<br>⇨ Zustandekommen (+) | Rat legt **eigenen Standpunkt** fest<br>Rat unterrichtet EP |
| Kom: | | Kom. unterrichtet EP über ihren Standpunkt |

# Rechtsetzungsverfahren der EU (2)

## II. Ordentliches Gesetzgebungsverfahren, Art. 289 I, 294 AEUV (Fortsetzung)

| 2. Lesung (Art. 294 VII–IX AEUV) | | | |
|---|---|---|---|
| **EP:**<br>(3 Monate) | EP **billigt** (ggf. schweigend) den Standpunkt des Rates<br>⇨ Zustandekommen (+) | EP schlägt mit der Mehrheit seiner Mitglieder **Abänderung** zum Standpunkt des Rates vor<br><br>EP leitet Änderung Rat und Kom. zu | EP **lehnt** Standpunkt des Rates mit der Mehrheit seiner Mitglieder **ab**<br>⇨ Zustandekommen (–) |
| Kom.: | | Kom. gibt Stellungnahme zur Abänderung ab | |
| **Rat:**<br>(3 Monate) | Rat **billigt** Abänderung mit qualifizierter Mehrheit / einstimmig bei ablehndender Stellungnahme der Kom.<br>⇨ Zustandekommen (+) | Präs. des Rates ruft im Einvernehmen mit Präs. des EP **Vermittlungsausschuss** an | |

# Rechtsetzungsverfahren der EU (3)

## II. Ordentliches Gesetzgebungsverfahren, Art. 289 I, 294 AEUV (Fortsetzung)

| Vermittlung (Art. 294 X–XII AEUV) | | |
|---|---|---|
| Vermittlungsausschuss: (6 Wochen) | Vermittlungsausschuss **billigt** mit qualifizierter Mehrheit der Mitglieder des Rates und der Mehrheit der Vertreter des EP gemeinsamen Entwurf | Vermittlungsausschuss scheitert ⇨ Zustandekommen (–) |
| **3. Lesung (Art. 294 XIII–XIV AEUV)** | | |
| **Rat/EP:** (6 Wochen) | Rat mit qualifzierter Mehrheit und Parlament mit der Mehrheit der abgegebenen Stimmen **erlassen** den **Rechtsakt** ⇨ Zustandekommen (+) | Rat und EP erlassen **keinen Rechtsakt** ⇨ Zustandekommen (–) |

## III. Abschlussverfahren

- Begründung des Rechtsaktes, Art. 296 II AEUV: – Schriftform
  – einheitliche Urkunde mit Rechtsakt
- Unterzeichnung: je nach Gesetzgebungsverfahren, Art. 297 I AEUV
- Veröffentlichung: Art. 297 I UAbs. 3 AEUV

# Rechtsetzungsverfahren der EU (4)

## IV. Besondere Gesetzgebungsverfahren

- **Anhörungsverfahren**, Art. 293 AEUV
  - Initiative der Kommission
  - Anhörung des EP/Wirtschafts- und Sozialausschuss/Ausschuss der Regionen
  - Gesetzesbeschluss durch den Rat

  Art. 21 III 2, 22 I 2 AEUV
- **Zustimmungsverfahren**
  - Initiative der Kommission
  - Gesetzesbeschluss des EP/Rates mit Zustimmung des jeweils anderen Organs

  Kein inhaltlicher Gestaltungsspielraum des zustimmenden Organs!

  Art. 19 I AEUV

## V. Sonstige Rechtsetzungsverfahren

- Delegierte Rechtsakte durch die Kommission, mit Revokationsrecht (Art. 290 II Buchst. a AEUV)
- Durchführungsakte der Kommission/des Rates, Art. 291 II AEUV

# Verhältnis des Unionsrechts zum nationalen Recht (1)

## I. Ausgangspunkt

- Unionsrecht als besonderes Völkerrecht, Entwicklung einer Rechtsordnung eigener Art
- Aber besonderer Umsetzungsakt über sog. **Integrationshebel** in **Art. 23 GG**: Bund durch Gesetz mit Zustimmung des Bundesrates **Hoheitsrechte** auf Union übertragen

  Art. 23 I 2 GG ist lex specialis zu Art. 24, 25, 59 GG!
- Folgen der Übertragung
  - Pflicht der Mitgliedstaaten zur Anwendung und Umsetzung des EU-Rechts (⇨ 22)
  - Dadurch Entstehen von **Widersprüchen** zwischen EU-Recht und nationalem Recht; Lösung nach Rangfolge der Rechtsordnungen

## II. Grundsätzlich Anwendungsvorrang

- Unionsrecht genießt grds. **Anwendungsvorrang** vor nationalem Recht
  - Folge: widersprechendes nationales Recht wird im Kollisionsfall **unionsrechtskonform ausgelegt oder** – wo das nicht möglich ist – **nicht angewendet**
  - Kein Geltungsvorrang, keine Nichtigkeit entgegenstehenden nationalen Rechts
- Keine ausdrückliche Erwähnung des Anwendungsvorrangs in den Verträgen, vielmehr **Herleitung**:
  - Eigenständigkeit der Unionsrechtsordnung
  - Verpflichtung der Mitgliedstaaten zur Unionstreue, Art. 4 III UAbs. 3 Hs. 2 EUV

# Verhältnis des Unionsrechts zum nationalen Recht (2)



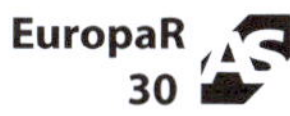

## II. Grundsätzlich Anwendungsvorrang (Fortsetzung)

- Funktionsfähigkeit der EU
- Einheitliche Rechtsanwendung des EU-Rechts in den Mitgliedstaaten
- Art. 288 AEUV

## III. Ausnahmen vom Anwendungsvorrang

- Entwicklung Rspr. BVerfG: von der Ablehnung des generellen Anwendungsvorrangs (Solange I) bis zur Verdrängung nationaler durch EU-Grundrechte (Recht auf Vergessen II)
- Durchbrechung des Anwendungsvorrangs vom BVerfG in folgenden Fällen anerkannt:

  Ergeben sich aus Art. 23 GG, der zugleich Quelle und Beschränkung der europäischen Integration ist!

  - **Absinken des Grundrechtsstandards unter ein dem GG vergleichbares Niveau** (Kooperations-Rspr.)
  - **Ultra-vires-Kontrolle:** evidente Kompetenzüberschreitung der EU-Organe (Verschiebung der kompetenziellen Grundlagen der EU, Verletzung des Prinzips der begrenzten Einzelermächtigung)
  - **Identitätskontrolle:** Verletzung der unantastbaren, durch Art. 23 I 3 i.V.m. Art. 79 III GG integrationsfest ausgestalteten Verfassungsidentität
- Entscheidungsmonopol des BVerfG bzgl. der Durchbrechung, grds. nach Einholung einer Vorabentscheidung des Gerichtshofs (⇨ 64 f.)

# Vollzug des Unionsrechts

💡 Vollzugskompetenz ≠ Rechtsetzungskompetenz; Prinzip der begrenzten Einzelermächtigung!

## I. Direkter Vollzug

➲ Vollzug durch die Union und ihre Organe

- **Vollzugsermächtigung**
  - Unionsinterner Bereich (🔍 Haushaltsvollzug, Art. 317 I AEUV)
  - Unionsexterner Bereich (🔍 Wettbewerbsrecht, Art. 105, 106 III AEUV)
- **Verwaltungsorganisation**
  - Unionsinterner Bereich: das Organ, dass durch die Maßnahme betroffen ist
  - Unionsexterner Bereich: Kommission (🔍 Wettbewerbsbehörde, Art. 105 I 1 AEUV)
  - Ggf. zusätzlich geschaffene Agenturen (🔍 FRONTEX)
- **Verwaltungsverfahren:** nur nach allgemeinen Rechtsgrundsätzen (🔍 Verhältnismäßigkeit, Vertrauensschutz, Gesetzmäßigkeit der Verwaltung, Untersuchungsgrundsatz)

## II. Indirekter Vollzug

- Unmittelbar: ➲ Vollzug von unmittelbar anwendbarem und geltendem Unionsrecht durch Bundes- oder Landesbehörden (Art. 83 ff. GG analog) unter Anwendung des VwVfG (Art. 291 I AEUV)
- Mittelbar: ➲ Vollzug durch Unionsrecht determiniertem nationalem Recht (nach Richtlinienumsetzung)
- Verwaltungskooperationen: sind zulässig, kein Verbot der Mischverwaltung (Art. 197 III 2 AEUV)

  🔍 Amts- und Vollzugshilfe, Art. 299 AEUV

# Unionsbürgerrechte – Überblick

## I. Unionsbürgerschaft

- Staatsangehörige der Mitgliedstaaten besitzen zugleich **Unionsbürgerschaft**, Art. 9 S. 2, 3 EUV, Art. 20 ff. AEUV
- Hintergrund:
  - EU soll nicht nur Mitgliedstaaten, sondern auch Bürgern zugutekommen
  - Stärkung der Identifizierung mit der EU zur Verbesserung der Akzeptanz

💡 Unionsbürgerschaft macht die Unionsbürger nach nicht zum Staatsvolk (⇨ 5)!

## II. Rechtspositionen

- **Diskriminierungsverbot**, Art. 18 AEUV (⇨ 34)

  💡 Grundfreiheiten (⇨ 35 ff.) sind bereichsspezifische Ausgestaltungen des allg. Diskriminierungsverbots!
- **Freizügigkeit**, Art. 21 AEUV (⇨ 33)
- Kommunalwahlrecht, Art. 20 II Buchst. d, Art. 22 I 1 AEUV
  - Aktiv und passiv
  - In dem Mitgliedstaat, in dem Unionsbürger seinen Wohnsitz hat; unabhängig von Staatsangehörigkeit
- Recht auf diplomatischen und konsularischen Schutz, Art. 23 I 1 AEUV
- Petitionsrecht, Art. 24 II i.V.m. Art. 227 AEUV
- Kernbereichsschutz der Unionsbürgerrechte, auch ggü. mitgliedstaatlichen Maßnahmen

# Freizügigkeit, Art. 21 AEUV

## I. Anwendbarkeit der allgemeinen Freizügigkeit

1. Subsidiarität ggü. Grundfreiheiten aus. Art. 45, 49, 56
2. Vorrang der Freizügigkeitsrichtlinie (wird i.d.R. durch Bearbeitungsvermerk ausgeschlossen!)

## II. Schutzbereich

1. Sachlich: Freizügigkeit in den Mitgliedstaaten
   - Ausreise- und Wiedereinreiserecht
   - Recht, sich in den Mitgliedstaaten frei zu bewegen und aufzuhalten
   - Recht zum Verbleib in den Mitgliedstaaten
   - Recht auf Gleichbehandlung, Art. 21 i.V.m. Art. 18 AEUV
2. Persönlich: Unionsbürger

## III. Beschränkung

Jede mitgliedstaatliche Maßnahme, die die Freizügigkeit/abgeleiteten Rechte unmittelbar oder mittelbar beeinträchtigt

## IV. Rechtfertigung

1. Einschränkungsmöglichkeit durch Primär- und Sekundärrecht
   - Ausgestaltung durch Durchführungsvorschriften (z.B. Verordnung/Richtlinie)
   - Ausgestaltung durch nationales Recht
2. Einschränkungen bei der Konkretisierung (Schranken-Schranken)
   - Berücksichtigung allg. Grundsätze, die im Unionsrecht zwingend zu beachten sind
     Grundsatz der Verhältnismäßigkeit
   - Nationale Vorschriften müssen auf von der Staatsangehörigkeit unabhängigen Erwägungen des Allgemeininteresses beruhen und verhältnismäßig sein

# Diskriminierungsverbot, Art. 18 AEUV

## I. Anwendbarkeit des allgemeinen Diskriminierungsverbotes

1. Sachverhalt mit Unionsrechtsbezug ➲ Zusammenhang mit im AEUV geregelter Materie
2. **Subsidiarität** ggü. speziellen Diskriminierungsverboten

   🔎 Art. 92 AEUV, Grundfreiheiten
3. Anwendbarkeit jedenfalls auf Unionsbürger; Erweiterung auf Nicht-Unionsbürger nach Systematik und Wortlaut möglich, aber noch nicht abschließend geklärt

## II. Beschränkung

- **Unmittelbare (offene) Diskriminierung** ➲ unterschiedliche Regelung knüpft ausdrücklich an das Kriterium der Staatsangehörigkeit an
- **Mittelbare (versteckte) Diskriminierung** ➲ faktische Benachteiligung der Angehörigen anderer Staaten ohne ausdrückliche Anknüpfung an die Staatsangehörigkeit

## III. Rechtfertigung

⚠ Nach h.M. für beide Diskriminierungsarten möglich; **relatives Diskriminierungsverbot!**

1. Objektive Erwägungen des Allgemeinwohls: jedes öffentliche Interesse mit Ausnahme rein wirtschaftlicher Motivationen erfasst

   🔎 Umweltschutz, gerechter Lastenausgleich
2. Einschränkungen der EU bei der Konkretisierung (Schranken-Schranken), insbes. Wahrung der Verhältnismäßigkeit

# Grundfreiheiten – Überblick (1)

## I. Allgemeines

- Aufgabe der EU nach Art. 3 III 1 EUV: Errichtung eines **Binnenmarktes** ➲ Raum ohne Binnengrenzen , in denen der freie Verkehr von Waren, Personen, Dienstleistungen und Kapital gewährleistet ist, Art. 26 II AEUV
- Grundfreiheiten dienen der **Absicherung des Binnenmarktes**
  - Adressaten: primär Mitgliedstaaten
  - Ziel: Verhinderung von Beeinträchtigungen des Binnenmarktes, Protektionismus
  - Regelungsreflex: subjektive Rechte der Bevölkerung

## II. Grundfreiheiten

| **Freier Warenverkehr, Art. 28–37 AEUV** | **Freier Personenverkehr, Art. 45–55 AEUV** | **Freier Dienstleistungsverkehr, Art. 56–62 AEUV** | **Freier Kapital- und Zahlungsverkehr, Art. 63 AEUV** |
|---|---|---|---|
| Grenzüberschreitende Mobilität von Produkten innerhalb der Union und gemeinsamer Zolltarif gegenüber Drittstaaten | Freizügigkeit der Arbeitnehmer und Niederlassungsfreiheit der Selbstständigen | Grenzüberschreitende Erbringung von Dienstleistungen | Grenzüberschreitende Übertragung von Geld u.a. primär als Kapitalanlage und Freiheit von Zahlungen in Zusammenhang mit anderen Grundfreiheiten |

Grundfreiheiten sind **unmittelbar anwendbar** und gelten **unmittelbar!**

# Grundfreiheiten – Überblick (2)

## III. Funktionen

- **Diskriminierungsverbot**
  - Gebot der Inländergleichbehandlung: Unionsbürger/ihre Produkte dürfen in den Mitgliedstaaten nicht schlechter behandelt werden als Inländer
  - Verbot von
    - **offenen Diskriminierungen** ➲ unterschiedliche Regelung knüpft ausdrücklich an das Kriterium der Staatsangehörigkeit an
    - **versteckten Diskriminierungen** ➲ faktische Benachteiligung der Angehörigen anderer Staaten ohne ausdrückliche Anknüpfung an die Staatsangehörigkeit

  💡 Grundfreiheiten = lex specialis zu Art. 18 AEUV (⇨ 🗗 34)

- **Allgemeines Beschränkungsverbot**
  - Erweiterung durch Gerichtshof: Verbot **sonstiger Beschränkungen**, die zwar nicht an die Staatsangehörigkeit anknüpfen, aber geeignet sind, Ausübung der Grundfreiheit zu behindern

    Begründung: praktische Wirksamkeit des Unionsrechts beeinträchtigt, wenn Grundfreiheiten durch unterschiedslos geltende Maßnahmen unterlaufen werden könnten (effet utile)
  - Wird z.T. ergänzt durch Kriterium des **Marktzugangs**: Eingriff in Grundfreiheit, wenn Waren/Personen der Zugang zum Binnenmarkt erschwert, behindert, unmöglich gemacht wird

## IV. Abgrenzung zur GRCh

- Grundfreiheiten sind Regeln des gemeinsamen Marktes für die Mitgliedstaaten, keine Abwehrrechte
- Subjektive Rechte nicht als Zweck, sondern als Regelungsreflex

# Grundfreiheiten – allgemeines Prüfungsschema

## I. Anwendbarkeit

Keine vorrangigen Sondervorschriften, keine Harmonisierungsmaßnahmen (z.B. Art. 114 AEUV)

## II. Schutzbereich

1. Sachlich: Kernbegriff je nach Grundfreiheit
2. Persönlich: Unionsbürger, ggf. zusätzliche Voraussetzungen
3. Räumlich: grenzüberschreitender Bezug

## III. Diskriminierung oder sonstige Beschränkung

Offene Diskriminierung

Versteckte Diskriminierung

Beschränkung

## IV. Rechtfertigung

Geschriebener Rechtfertigungsgrund

Geschriebener Rechtfertigungsgrund (Erst-Recht-Schluss)

Ungeschriebener Rechtfertigungsgrund

Verhältnismäßigkeit der mitgliedstaatlichen Maßnahme und ggf. weitere Voraussetzungen

# Warenverkehrsfreiheit, Art. 34 ff. AEUV (1)

## I. Anwendbarkeit

- Sondervorschriften für Agrarprodukte (Art. 38 ff. AEUV) nicht einschlägig
- Keine Harmonisierungsmaßnahme nach Art. 114 ff. AEUV

⚠ Wird i.d.R. im Bearbeitungsvermerk der Examensklausur ausgeschlossen!

## II. Schutzbereich

1. Sachlich: **Ware** i.S.d. Art. 28 II AEUV
   a) Alle **körperlichen Gegenstände**, die einen Geldwert haben und Gegenstand rechtmäßiger Handelsgeschäfte sein können
      💡 Ausnahmsweise auch bei nicht-körperlichen Gegenständen anwendbar (🔎 Strom)
   b) Herstellung im Unionsgebiet oder Herstellung im Drittstaat mit Einfuhr/Handel im Unionsgebiet, Art. 29 AEUV
   c) **Grenzüberschreitender Bezug:** Verbringung der Ware unter Überschreitung einer Binnengrenze
2. Keine persönlichen Einschränkungen (reine Produktverkehrsfreiheit!); berechtigt sind Unionsbürger, juristische Personen, aber auch Drittstaatsangehörige

## III. Einfuhr-/Ausfuhrbeschränkung oder Maßnahme gleicher Wirkung

- **Einfuhrbeschränkung, Art. 34 AEUV**
  - **Mengenmäßige Einfuhrbeschränkung**
    -- Wareneinfuhr wird vollständig untersagt (sog. **Verbringungsverbot**)
    -- Wareneinfuhr wird nach Menge, Wert oder Zeitraum begrenzt (sog. **Kontingentierung**)

## Warenverkehrsfreiheit, Art. 34 ff. AEUV (2)

### III. Eingriff (Fortsetzung)

- **Einfuhrbeschränkung, Art. 34 AEUV** (Fortsetzung)
  - **Maßnahme gleicher Wirkung:** unbestimmter Rechtsbegriff, Auslegung durch Gerichtshof
    - -- **Dassonville-Formel:** jede Maßnahme oder Regelung der Mitgliedstaaten, die geeignet ist, den unionsinternen Handel unmittelbar oder mittelbar, tatsächlich oder potenziell zu behindern
    - -- Einschränkung mithilfe der **Keck-Formel**
      - Maßnahme gleicher Wirkung (–) bei **diskriminierungsfreien Verkaufsmodalitäten**: Vorschriften, welche in- wie ausländische Waren rechtlich/tatsächlich in gleicher Weise berühren und die Art und Weise des Vertriebs eines Produkts bestimmen

        🔎 Ladenöffnungszeiten, Vertriebswege, Preisgestaltung
      - Maßnahme gleicher Wirkung (+) bei **produktbezogenen Regelungen**: mitgliedstaatliche Maßnahme oder Regelung knüpft an Merkmale oder den Inhalt der Ware selbst an

        🔎 Bezeichnung, Etikettierung, Verpackung, Form und Abmessung
  - Ergänzung durch **Marktzugangskriterium:** mitgliedstaatliche Maßnahme muss geeignet sein, Marktzugang zu versperren oder stärker zu behindern als für nationale Erzeugnisse
- **Ausfuhrbeschränkung, Art. 35 AEUV**
  - **Mengenmäßige Ausfuhrbeschränkung**
    - -- Ausfuhr wird vollständig verboten (sog. **Ausfuhrverbot**)
    - -- Ausfuhr wird nach Menge, Wert oder Zeitraum begrenzt (sog. **Kontingent**)
  - **Maßnahme gleicher Wirkung**
    - -- Maßnahmen der Mitgliedstaaten, die spezifische Beschränkungen der Ausfuhrströme bezwecken/bewirken und so unterschiedliche Bedingungen für den Binnenhandel und den Außenhandel schaffen, sodass nationale Produktion/Binnenmarkt einen Vorteil erlangt

# Warenverkehrsfreiheit, Art. 34 ff. AEUV (3)

## IV. Rechtfertigung

- Geschriebene Rechtfertigungsgründe, Art. 36 S. 1 AEUV
  - Öffentliche Ordnung und Sicherheit ➲ hoheitlich festgelegte Grundregeln, die wesentliche Interessen der EU berühren ⚠ keine Auffangfunktion ggü. übrigen Rechtfertigungsgründen!
  - Öffentliche Sittlichkeit ➲ Moralvorstellungen der Gesellschaft des jeweiligen Mitgliedstaates
  - Schutz der Gesundheit und des Lebens von Menschen, Tieren und Pflanzen
    - Lebensschutz ist ranghöchstes Allgemeininteresse im Rahmen des Art. 36 AEUV
    - Wertungsspielraum für die Mitgliedstaaten, auf welchem Niveau sie Schutz gewähren wollen; aber Beweise für abgewendete Gefährdung erforderlich
  - Schutz des nationalen Kulturgutes von künstlerischem, geschichtlichen oder archäologischen Wert
  - Schutz des gewerblichen und kommerziellen Eigentums (🔍 Patent- und Markenrecht)
- **Cassis-Formel:** ungeschriebener Rechtfertigungsgrund ➲ unterschiedlos geltende Maßnahmen der Mitgliedstaaten, die notwendig sind, um zwingenden Erfordernissen des Allgemeinwohls gerecht zu werden
  - Unterschiedlos geltende Maßnahme ➲ keine Diskriminierung ausländischer Waren
  - Zwingendes Erfordernis des Allgemeinwohls: offene Formulierung, Ausgestaltung durch Fallgruppen

    🔍 öffentliche Gesundheit, Lauterkeit des Handelsverkehrs, Verbraucherschutz
- Einschränkungen der Mitgliedstaaten bei der Ausgestaltung (💡 gilt für Art. 36 AEUV wie für Cassis-Formel!)
  - Keine willkürliche Diskriminierung, Art. 36 S. 2 AEUV
  - Verhältnismäßigkeit (legitimes Ziel, geeignet, erforderlich)

# Arbeitnehmerfreizügigkeit, Art. 45 ff. AEUV (1)

## I. Anwendbarkeit

Keine Sonderregelung durch Richtlinie oder Verordnung (vgl. Art. 46 AEUV) einschlägig

💡 Arbeitnehmerfreizügigkeit ist als Personenverkehrsfreiheit selbst lex specialis zu Art. 21 AEUV (⇨ 33)

## II. Schutzbereich

1. Persönlich
   - **Arbeitnehmer** ➲ jeder, der während einer bestimmten Zeit für einen anderen nach dessen Weisung Leistungen erbringt, für die er als Gegenleistung eine Vergütung erhält

     ⚠ Weisungsgebundenheit: Abgrenzung zur Dienstleistungs- und Niederlassungsfreiheit
   - Arbeitnehmer muss zusätzlich **Unionsbürger** sein; aber auch Schutz für dessen Familienangehörige, selbst wenn weder Arbeitnehmer noch Unionsbürger
2. Sachlich: Rechte des Arbeitnehmers aus Art. 45 II, III AEUV als **einheitliches Recht auf Arbeitnehmerfreizügigkeit**, sofern dabei **grenzüberschreitender Bezug** vorhanden ist
   - Gleichbehandlungsanspruch mit Inländern
   - Freie Bewerbung
   - Beschäftigungsaufnahme inkl. Ein- und Ausreise sowie Verbleib (sog. Begleitrechte)
   - Verbleiberecht auch ohne Beschäftigung nach 5 Jahren rechtmäßigen Aufenthalts
3. Keine **Bereichsausnahme**, Art. 45 IV AEUV
   - Funktionelle Sichtweise: Tätigkeit muss unmittelbare/mittelbare Teilnahme an der **Ausübung hoheitlicher Befugnisse** beinhalten und Aufgaben mit sich bringen, die auf die Wahrung der allgemeinen Belange des Staates/anderer öffentlich-rechtlicher Körperschaften gerichtet sind

# Arbeitnehmerfreizügigkeit, Art. 45 ff. AEUV (2)

## III. Diskriminierung oder sonstige Beschränkung

- **Diskriminierung** durch mitgliedstaatliche Regelung/Maßnahme: offen oder versteckt (⇨ 36)
- **Sonstige Beeinträchtigung** nach der **Gebhard-Formel:** jede unterschiedslos anwendbare Maßnahme der Mitgliedstaaten, welche die Ausübung einer unselbstständigen Tätigkeit behindert oder weniger attraktiv macht
  - ⚠ Gilt nur für den **Zugang** zur Berufstätigkeit!
  - Nach h.M. keine Übertragung der Keck-Rspr. zur Einschränkung des Eingriffsbegriffs
- Sonstige Beschränkung durch **private Maßnahme: unmittelbare Drittwirkung** der Arbeitnehmerfreizügigkeit nur (+), wenn Beeinträchtigung durch kollektive Regelung im Arbeits- und Dienstleistungsbereich erfolgt

  Verbands- oder Tarifvertragsregeln

## IV. Rechtfertigung

- Geschriebener Rechtfertigungsgrund, Art. 45 III AEUV: öffentliche Ordnung, öffentliche Sicherheit, öffentliche Gesundheit
- Ungeschriebener Rechtfertigung (abgewandelte Cassis-Formel): **zwingende Gründe des Allgemeininteresses** (unbestimmter Rechtsbegriff, Ausfüllung durch Fallgruppen wie bei Art. 36 AEUV)

  Verbraucherschutz, Schutz des Arbeitsmarktes
- Verhältnismäßigkeit der mitgliedstaatlichen/privaten Maßnahme: legitimes Ziel, geeignet, erforderlich

# Niederlassungsfreiheit, Art. 49 ff. AEUV (1)

## I. Anwendbarkeit

Keine Sonderregelung durch Richtlinie oder Verordnung (vgl. Art. 50 AEUV) einschlägig

Niederlassungsfreiheit ist als Personenverkehrsfreiheit selbst lex specialis zu Art. 21 AEUV (⇨ 33)

## II. Schutzbereich

1. **Sachlich**
   - **Niederlassung** ➲ jede feste Einrichtung/Infrastruktur, die der tatsächlichen Ausübung einer selbstständigen Erwerbstätigkeit auf unbestimmte Zeit zu dienen bestimmt ist (vgl. auch Art. 49 II AEUV)
     - Selbstständigkeit: weisungsfrei und mit eigenem wirtschaftlichen Risiko; als Abgrenzung zu weisungsgebunden i.S.d. Art. 45 AEUV (⇨ 41)
     - Auf unbestimmte Zeit: Abgrenzung von der punktuellen Dienstleistung (⇨ 46)
     - Erwerbstätigkeit: jede Tätigkeit mit wirtschaftlichem Bezug
   - **Art** der Niederlassungsfreiheit (inkl. grenzüberschreitenden Bezuges)
     - **Primäre Niederlassung:** Neugründung einer Niederlassung in einem anderen Mitgliedstaat oder Verlegung der Niederlassung von einem in den anderen Mitgliedstaat
     - **Sekundäre Niederlassung:** Gründung von weiteren Niederlassungen (Agenturen, Zweigniederlassungen, Tochtergesellschaften) in einem Mitgliedstaat unter Beibehaltung der Hauptniederlassung in einem anderen Mitgliedstaat

       Hauptniederlassung ermittelt sich bei natürlichen Personen nach dem wirtschaftlichen Schwerpunkt, bei juristischen Personen nach der Beherrschung einer Gesellschaft durch die andere

# Niederlassungsfreiheit, Art. 49 ff. AEUV (2)

## II. Schutzbereich (Fortsetzung)

2. **Persönlich**
   - **Natürliche Personen:** Unionsbürger, Ansässigkeit im betreffenden Mitgliedstaat nicht erforderlich
   - **Juristische Personen** und sonstige Gesellschaften: Gleichstellung über Art. 54 I AEUV
     - Begriff der Gesellschaft: **weite Auslegung**, nicht nur juristische Personen (vgl. Art. 54 II AEUV)

       GmbH, KG, GbR
     - Auch dann, wenn **öffentlich-rechtliche Körperschaft** oder Gesellschaft im überwiegenden/ vollständigen Eigentum der öffentlichen Hand

       Kein Konfusionsargument!
     - Gesellschaft muss **nach den Rechtsvorschriften eines Mitgliedstaates gegründet** worden sein und ihren **Sitz**, ihre **Hauptverwaltung** oder ihre **Hauptniederlassung innerhalb der EU** haben

       Sitzverlegung nur erfasst, wenn Neugründung im Aufnahmemitgliedstaat erfolgt!
3. Keine **Bereichsausnahme:** Ausübung öffentlicher Gewalt, Art. 51 I AEUV
   - Keine Berufsgruppen erfasst, sondern nur bestimmte Tätigkeiten
   - Bereichsausnahme greift ein, wenn Tätigkeit die unmittelbare und spezifische Teilhabe an der Ausübung öffentlicher Gewalt darstellt

# Niederlassungsfreiheit, Art. 49 ff. AEUV (3)

## III. Diskriminierung oder sonstige Beschränkung

- **Diskriminierung** durch mitgliedstaatliche Maßnahme/Regelung: offen oder versteckt (⇨ 36)
- **Sonstige Beeinträchtigung** nach der **Gebhard-Formel:** jede unterschiedslos anwendbare Maßnahme der Mitgliedstaaten, welche die Ausübung einer unselbstständigen Tätigkeit untersagt, behindert oder weniger attraktiv macht

  Verlangen von Berufserfahrung, Qualifikations- oder Spracherfordernisse

  ⚠ Nach h.M. keine Übertragung der Keck-Rspr. zur Einschränkung des Eingriffsbegriffs, z.T. aber Ausgrenzung von Maßnahmen, denen eine hinreichende Spürbarkeit/abschreckende Wirkung fehlt!
- Beeinträchtigung durch **private Maßnahmen** (unmittelbare Drittwirkung)
  - Grds. keine unmittelbare Drittwirkung der Niederlassungsfreiheit
  - Ausnahme: privatrechtliche Organisationen erlassen in staatsähnlicher Weise Rechtsvorschriften und regeln damit die selbstständige Tätigkeit (Verbände, Gewerkschaften)

## IV. Rechtfertigung

- **Sonderregeln für Ausländer** nach Art. 52 I AEUV
  - Aus Gründen der öffentlichen Ordnung, Sicherheit, Gesundheit, wie in Art. 45 III AEUV (⇨ 42)
  - Rechtfertigt primär offene Diskriminierungen
  - Entsprechende Anwendung für versteckte Diskriminierungen/sonstige Beschränkungen (Erst-Recht-Schluss)
- **Ungeschriebener Rechtfertigungsgrund:** zwingende Gründe des Allgemeininteresses – unbestimmter Rechtsbegriff, Ausgestaltung durch Fallgruppen

  Gläubigerschutz, Schutz vor Missbrauch akademischer Titel

# Dienstleistungsfreiheit, Art. 56 ff. AEUV (1)

## I. Anwendbarkeit

⚠ Entgegen Wortlaut von Art. 57 I AEUV **keine generelle Subsidiarität** ggü. anderen Grundfreiheiten!

- Subsidiarität im Einzelfall: wenn mehrere Grundfreiheiten betroffen sind, kann Art. 56 AEUV zurücktreten, wenn sie ggü. der anderen Grundfreiheit völlig zweitrangig ist
- Vorrangiges Sekundärrecht, Art. 59 AEUV

## II. Schutzbereich

1. Sachlich
   - **Dienstleistung** ➲ jede selbstständig und vorübergehend ausgeführte Leistung nicht-körperlicher Art, die in der Regel gegen ein Entgelt erbracht wird

     ⚠ Art. 57 AEUV beinhaltet keine Legaldefinition, sondern beschreibt Fälle, in denen auf jeden Fall eine Dienstleistung vorliegt!

     -- Abgrenzung zur Warenverkehrsfreiheit: nicht-körperlich

     -- Abgrenzung zur Arbeitnehmerfreizügigkeit: selbstständig

     -- Abgrenzung zur Niederlassungsfreiheit: vorübergehend
   - **Grenzüberschreitender Bezug:** über Art der Dienstleistungsfreiheit

     -- **Aktive** Dienstleistungsfreiheit: Dienstleister überschreitet Grenze

     -- **Passive** Dienstleistungsfreiheit: Dienstleistungsempfänger überschreitet Grenze

     -- **Auslandsbedingte** Dienstleistung: beide überschreiten Grenze (🔍 Fremdenführer)

     -- **Korrespondenzdienstleistung:** lediglich Dienstleistung überschreitet Grenze

# Dienstleistungsfreiheit, Art. 56 ff. AEUV (2)

## II. Schutzbereich (Fortsetzung)

2. Persönlich
   - Natürliche Personen: Unionsbürger
   - Juristische Personen: Art. 62 i.V.m. Art. 54 AEUV (⇨ 44)
3. Keine Bereichsausnahme: Art. 62 i.V.m. Art. 51 I AEUV (⇨ 44)

## III. Diskriminierung oder sonstige Beschränkung

- Diskriminierung: offen oder versteckt (⇨ 36)
- Sonstige Beschränkung: ➲ solche mitgliedstaatlichen Maßnahmen, die geeignet sind, die Tätigkeit des Dienstleistenden, der in einem anderen Mitgliedstaat ansässig ist und dort rechtmäßig ähnliche Dienstleistungen erbringt, zu unterbinden, zu behindern oder weniger attraktiv zu machen.

## IV. Rechtfertigung

- Geschriebener Rechtfertigungsgrund: Art. 62 i.V.m. Art. 52 I AEUV (⇨ 45)
- Ungeschriebener Rechtfertigungsgrund: zwingende Gründe des Allgemeininteresses, die rechtlich wie tatsächlich diskriminierungsfrei für alle im betreffenden Staat tätigen Personen und Unternehmen gelten

  Schutz der Verbraucher, Schutz der öffentlichen Gesundheit

# Kapital- und Zahlungsverkehrsfreiheit, Art. 63 AEUV

## Kapitalverkehrsfreiheit, Art. 63 I AEUV

- Schutzbereich: **Kapitalverkehr** ➲ einseitige Wertübertragung in Form von Sachkapital oder in Form von Geldkapital aus einem Mitgliedstaat in einen anderen, die regelmäßig eine Vermögensanlage darstellt

  Abgrenzung Niederlassungsfreiheit: Beteiligung an Unternehmen fällt unter die Niederlassungsfreiheit, sobald die Schwelle zum bestimmenden Einfluss überschritten ist

- Jede Beeinträchtigung der Kapitalverkehrsfreiheit löst Rechtfertigungserfordernis aus
- Rechtfertigung:
  - Geschriebener Rechtfertigungsgrund: Art. 65 AEUV
  - Ungeschriebener Rechtfertigungsgrund: zwingende Erfordernisse des Allgemeininteresses

    Bekämpfung der Geldwäsche

## Zahlungsverkehrsfreiheit, Art. 63 II AEUV

- Schutzbereich: **Zahlungsverkehr** ➲ grenzüberschreitende Übertragung von Zahlungsmitteln zur Erfüllung einer Schuld
  - Schuldner kann seine vertraglichen Pflichten freiwillig und ohne unzulässige Beschränkungen erfüllen
  - Gläubiger kann eine solche Zahlung frei empfangen
- Keine eigenständige Grundfreiheit, sondern notwendige Ergänzung zu anderen Grundfreiheiten

  ⚠ Annex-Freiheit

# EU-Grundrechte – allgemein

## I. Entstehungsgeschichte

- Keine Grundrechte in den Gründungsverträgen, sondern zunächst nur in der Rspr. des EuGH als **allgemeine Rechtsgrundsätze**

  ⚠ (Mit-)Ursache des Streits zwischen EuGH und BVerfG über den Anwendungsvorrang des EU-Rechts vor nationalem Verfassungsrecht (⇨ 30 f.)
- Änderung begann erst mit der Verabschiedung der **GRCh** im Jahr 2000
  - Zwar verbindlich für EU-Organe und Mitgliedstaaten, Art. 51 I GRCh, Rang im Gefüge des EU-Rechts aber nicht eindeutig geklärt
  - Änderung durch Vertrag von Lissabon: GRCh steht nach Art. 6 I EUV den Verträgen gleich und gehört zum verbindlichen **Primärrecht**

## II. Abgrenzung zu den Grundfreiheiten

- Grundrechte und Grundfreiheiten gewähren übereinstimmend Unionsbürgern subjektive Rechte
- Unterscheidung
  - **Grundfreiheiten**
    - Regeln primär **Pflichten der Mitgliedstaaten**, subjektive Rechte nur als Regelungsreflex
    - Enthalten Wirtschafts- und Marktrechte zum Schutz des Binnenmarktes
  - **Grundrechte**
    - Gewähren **Rechte von Privatpersonen** gegenüber der Union/den Mitgliedstaaten
    - Schützen die persönlichen Freiheiten der Grundrechtsberechtigten

# EU-Grundrechte – Berechtigte und Verpflichtete

## I. Grundrechtsberechtigung

- **Natürliche Personen**
  - Jedermann-Grundrechte: jede natürliche Person, unabhängig von der Staatsangehörigkeit
  - Unionsbürgerrechte: nur Unionsbürger grundrechtsberechtigt (🔎 Wahlrecht, Art. 39 GRCh)
- **Juristische Personen/sonstige Personenvereinigungen**
  - Grundrechtsfähigkeit als allg. Rechtsgrundsatz anerkannt, keine Regelung vergleichbar Art. 19 III GG
  - Grundrecht muss gleichwohl **dem Wesen nach** auf die juristische Person **anwendbar** sein

    ⚠ Ausschluss von höchstpersönlichen Rechten (🔎 Menschenwürde, Art. 1 GRCh)

## II. Grundrechtsbindung

- **Organe der EU** bei jedweder Tätigkeit, Art. 51 I 1 Hs. 1, S. 2 GRCh (entspricht Art. 1 III GG)
- **Mitgliedstaaten der EU** bei der **Durchführung von EU-Recht**, Art. 51 I 1 Hs. 2 GRCh ϟ
  - Gerichtshof: weite Auslegung
    - -- Durchführung des Unionsrechts, sobald mitgliedstaatliche Maßnahme in den **Geltungsbereich des Unionsrechts** fällt, hinreichenden Zusammenhang von gewissem Grad aufweist
    - -- Beurteilung anhand nationaler Grundrechte bei Gestaltungsspielraum nur, wenn Schutzniveau der GRCh, Vorrang, Einheit und Wirksamkeit des Unionsrechts nicht beeinträchtigt
  - BVerfG: enge Auslegung
    - -- Durchführung des Unionsrechts, wenn mitgliedstaatliche Maßnahme **unionsrechtlich determiniert** ➲ europäisches Recht enthält zwingende Vorgaben ohne Abweichungsmöglichkeit
    - -- GRCh neben Grundrechten des GG anwendbar, wenn sonst grundrechtliches Schutzniveau des Unionsrechts nicht gewahrt ➲ Fachrecht enthält enge Bindung an GRCh, Grundrechte ohne Entsprechung im GG einschlägig

# EU-Grundrechte – Prüfungsschema (1)

Einheitlicher Aufbau für alle Grundrechte!

## I. Anwendbarkeit der GRCh

- Bindung der Organe der EU, Art. 51 I 1 Hs. 1 GRCh
- Bindung der Mitgliedstaaten bei der Durchführung des EU-Rechts, Art. 51 I 1 Hs. 2 GRCh

(⇨ 50)

## II. Schutzbereich

1. Sachlich
   - Freiheiten, Gleichheits-, Solidaritäts-, Bürger-, Justizgrundrechte: je nach Vorgabe im GRCh-Artikel
   - Auslegung: – Maßstab EMRK, sofern übereinstimmend garantiert, Art. 52 III GRCh
     – Maßstab gemeinsame Verfassungsüberlieferungen der Mitgliedstaaten, Art. 52 IV GRCh
2. Persönlich: wie Grundrechtsberechtigung (⇨ 50)

## III. Eingriff

➲ Rechtsakt/sonstige Maßnahme, die den Organen der EU/den Mitgliedstaaten zugerechnet werden kann, hat belastende/nachteilige Auswirkungen auf den grundrechtlich gewährleisteten Schutz

## IV. Rechtfertigung

1. Einschränkungsmöglichkeit: Gesetzesvorbehalt, Art. 52 I 1 GRCh
   ⚠ Einheitliche Einschränkungsmöglichkeit für alle Grundrechte!
   - Bei Eingriff durch EU und ihre Organe: Gesetz ➲ jede abstrakt-generelle Regelung, die für den Bürger hinreichend zugänglich, bestimmt, vorhersehbar ist (Verordnung)

# EU-Grundrechte – Prüfungsschema (2)



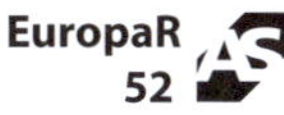

## IV. Rechtfertigung (Fortsetzung)

1. Einschränkungsmöglichkeit: Gesetzesvorbehalt, Art. 52 I 1 GRCh (Fortsetzung)
   - Bei Eingriff durch Mitgliedstaaten und ihre Organe: Gesetz ➲ formelles oder materielles Gesetz, das zugänglich, vorhersehbar und hinreichend bestimmt ist
2. Einschränkungen bei der Ausgestaltung der Einschränkungsmöglichkeit (Schranken-Schranken)
   a) Wesensgehaltsgarantie, Art. 52 I 1 GRCh
      - Keine einheitliche Bestimmung des Wesensgehalts möglich
      - Vielmehr unter Berücksichtigung der Besonderheiten des jeweiligen Grundrechts zu bestimmen

      🔍 Verletzung des Menschenwürdegehalts eines Grundrechts

   b) Verhältnismäßigkeit, Art. 52 I 2 GRCh
      aa) Legitimer Zweck
         - Eine dem Gemeinwohl dienende Zielsetzung: Interessen der Allgemeinheit/der Privatpersonen, die in den Verträgen/der GRCh ihren Niederschlag gefunden haben
         - Schutz der Rechte und Freiheiten anderer: kollidierende Grundrechte anderer

      bb) Geeignetheit
         - Weiter Beurteilungsspielraum der handelnden Organe
         - Förderung des legitimen Zwecks maßgeblich und ausreichend

      cc) Erforderlichkeit
         - Auswahl des geeigneten Mittels mit der geringsten Belastung
         - Abwägung der betroffenen Interessen ⚠ i.d.R. keine Angemessenheit!

# EMRK

## I. Einordnung

- EMRK ist EU-Recht im weiteren Sinne (⇨ 1)
  - Anders als GRCh nicht von den Unionsorganen verabschiedet
  - Entwicklung und Verabschiedung durch den Europarat
- Art: völkerrechtlicher Vertrag der Mitgliedstaaten des Europarates

## II. Wirkung für die EU und ihre Organe

- Ziel: unmittelbare Wirkung der EMRK
  - EU verpflichtet, der EMRK beizutreten, Art. 6 II EUV
  - Aber: erster Beitrittsvertrag durch Gerichtshof für mit EU-Recht unvereinbar erklärt

    ⚠ Beitrittsverhandlungen ruhen derzeit, neuer Beitrittstermin deshalb unbekannt!
- Derzeit deshalb:
  - Keine unmittelbare Wirkung der EMRK für die EU und ihre Organe
  - Mittelbare Wirkung der EMRK
    - -- Allg. Grundsätze, Teil des Unionsrechts, vgl. Art. 6 III EUV
    - -- Auslegungsmaßstab für die GRCh, vgl. Art. 52 III GRCh (⇨ 51)

# Gerichtshof der Europäischen Union – Überblick

**Gerichtshof der Europäischen Union**
als Organbezeichnung (Art. 13 I UAbs. 2, Art. 19 EUV) und Oberbegriff für Gerichtszweige

## GERICHTSHOF
[Art. 19 II UAbs. 1 EUV]

- 1 Richter je Mitgliedstaat
- zzgl. 11 Generalanwälte
- Grds. Rechtsmittelinstanz, zusätzlich viele erstinstanzliche Zuständigkeiten

Ausführlich ⊟ 55 f.

## GERICHT
[Art. 19 II UAbs. 2 EUV]

- 2 Richter je Mitgliedstaat
- Sowohl Rechtsmittel- als auch Eingangsinstanz

Ausführlich ⊟ 56

## FACHGERICHTE
[Art. 257 AEUV]

- Als Eingangsinstanz geplant
- Zunächst: Fachgericht für den öffentlichen Dienst, aber zum 01.09.2016 aufgelöst
- Derzeit keine Fachgerichte, (Wieder-)Einführung möglich

Ausführlich ⊟ 57

**Gerichtszweige entscheiden in folgenden Verfahren:**

- Vertragsverletzungsverfahren ⇨ ⊟ 58 f.
- Nichtigkeitsklage ⇨ ⊟ 60 ff.
- Vorabentscheidungsverfahren ⇨ ⊟ 64 ff.
- Sonstige Verfahren ⇨ ⊟ 67

# Gerichtshof der Europäischen Union – Aufbau (1)

## I. Gerichtshof der EU als Organ

- Gerichtshof der Europäischen Union ist **Organ der EU**, Art. 13 I UAbs. 2 EUV
- Besteht aus **drei unterschiedlichen Gerichtszweigen**, Art. 19 I UAbs. 1 S. 1 EUV: Gerichtshof, Gericht, Fachgericht
- Sitz: Luxemburg
- Einschlägige Vorschriften: Art. 19 EUV, Art. 251 ff. AEUV, Satzung über den Gerichtshof (vgl. Art. 281 AEUV), Verfahrensordnung (vgl. Art. 253 VI AEUV)

## II. Gerichtshof

- Zusammensetzung
  - **1 Richter pro Mitgliedstaat**, Art. 19 II UAbs. 1 S. 1 EUV
  - 11 Generalanwälte, Art. 252 AEUV
  - Besetzung der Posten, Art. 19 II UAbs. 3 EUV
    - Voraussetzungen: Gewähr für Unabhängigkeit, Voraussetzungen für die höchsten richterlichen Ämter im Mitgliedstaat oder Juristen von anerkannt hervorragender Befähigung, Art. 19 II UAbs. 3 S. 1 EUV, Art. 253 AEUV
    - Amtszeit: 6 Jahre, Verlängerungen möglich, Art. 253 IV AEUV
    - Von den Regierungen der Mitgliedstaaten im Einvernehmen ernannt
- Aufgaben der Generalanwälte: Schlussanträge in Form von gutachtlichen Stellungnahmen vorbringen, Art. 252 II AEUV

  ⚠ Unparteilich und unabhängig, Gerichtshof schließt sich häufig Empfehlung an

# Gerichtshof der Europäischen Union – Aufbau (2)

## II. Gerichtshof (Fortsetzung)

- Interne Organisation
  - **Präsident** des Gerichtshofs, Art. 253 III AEUV
    - -- Leitet rechtsprechende Tätigkeit des Gerichtshofs
    - -- Vertritt den Gerichtshof nach außen
    - -- Führt den Vorsitz bei Beratungen des Plenums/der Großen Kammer
  - **Kanzler**, Art. 253 V AEUV
    - -- Leitet die allgemeine Verwaltung des Gerichtshofs unter Aufsicht des Präsidenten
    - -- Oberster Urkundsbeamter des Gerichtshofs, Art. 20 EuGH-VfO

## III. Gericht

- Zusammensetzung
  - 2 Richter pro Mitgliedstaat (Art. 19 II UAbs. 2 EUV, Art. 254 I 1 AEUV i.V.m. Art. 48 EuGH-Satzung)
  - Keine Unterstützung durch Generalanwälte; Richter können sich aber für ein bestimmtes Verfahren zum Generalanwalt bestimmen lassen (Art. 49 EuGH-Satzung)
  - Besetzung der Posten: wie bei Gerichtshof, vgl. Art. 47 EuGH-Satzung (⇨ 55)
- Aufgabe: Rechtsmittelinstanz für Entscheidungen der Fachgerichte (Art. 256 II AEUV) und erstinstanzliche Zuständigkeiten

# Gerichtshof der Europäischen Union – Aufbau (3)

## IV. Fachgerichte

- Ursprünglicher Plan
  - Einrichtung von Fachgerichten nach Art. 257 AEUV möglich
  - Schaffung von Fachgerichten wurde 2004 mit Einführung des **Fachgerichts für den öffentlichen Dienst** begonnen (zuständig für Streitigkeiten zwischen EU-Beamten und der EU)
  - Ausbau zu einer Eingangsinstanz, jeweils fachlich spezifizierte Gerichte (vergleichbar der Fachgerichtsbarkeit in Deutschland)
  - Ziel: Entlastung von Gericht und Gerichtshof
  - Besetzung: Voraussetzungen wie bei Gerichtshof/Gericht (⇨ 🗗 55)
- Jetziger Stand
  - Einigung zwischen den Mitgliedstaaten über Einrichtung weiterer Fachgerichte kam nicht zustande
  - **Fachgericht für den öffentlichen Dienst** mit Wirkung zum 01.09.2016 **aufgelöst**
  - Weiterentwicklung der Fachgerichtsbarkeit ruht derzeit

  ⚠ Wiedereinführung ist aufgrund von Art. 257 AEUV aber jederzeit möglich!

# Vertragsverletzungsverfahren, Art. 258 f. AEUV (1)

**Gegenstand:** Feststellung der Vertragsverletzung durch die Mitgliedstaaten; objektive Rechtskontrolle

## A. Zulässigkeit

**I. Zuständigkeit:** Gerichtshof, da keine Regelung zugunsten Gericht, arg. ex Art. 256 I UAbs. 1 AEUV

**II. Parteifähigkeit**

1. Passiv (Beklagter): Mitgliedstaat, dem die Verletzung zur Last gelegt wird
2. Aktiv: **Kommission, Art. 258 I AEUV** oder **Mitgliedstaat, Art. 259 AEUV**

| Kommissionsklage | Staatenklage |
| --- | --- |

**III. Vorverfahren**

**Kommissionsklage**

**Schritt 1: erstes Mahnschreiben**
Eröffnung des Vorwurfs, Gelegenheit zur Stellungnahme, Fristsetzung zur Beseitigung

**Schritt 2: begründete Stellungnahme**
Begründung des Vorwurfs, erneute Fristsetzung zur Beseitigung

Abschluss durch fruchtlosen Fristablauf

**Staatenklage**

**Schritt 1: Einschaltung der Kommission**
Darlegung der möglichen Vertragsverletzung

**Schritt 2: Stellungnahme**
Durch beide Mitgliedstaaten

**Schritt 3: begründete Stellungnahme**
der Kommission

Abschluss mit Stellungnahme/nach Ablauf von drei Monaten ab Befassung der Kommission

# Vertragsverletzungsverfahren, Art. 258 f. AEUV (2)

## A. Zulässigkeit (Fortsetzung)

**IV. Klagegegenstand:** Maßnahme (Tun/Unterlassen) des Mitgliedstaates, durch das dieser die Verträge verletzt haben soll

**V. Rechtsschutzbedürfnis:**

1. Überzeugung der Kommission vom Vorliegen der Unionsrechtsverletzung
2. Mitgliedstaat hat Verhalten nicht wie von Kommission verlangt geändert
3. Keine Verwirkung durch Herauszögern der Klageerhebung ohne sachlichen Grund für Verzögerung

1. Überzeugung der Kommission vom Vorliegen der Unionsrechtsverletzung
2. Mitgliedstaat hat Verhalten nicht wie vom anderen Mitgliedstaat verlangt geändert
3. Keine Verwirkung durch Herauszögern der Klageerhebung ohne sachlichen Grund

**VI. Form:** Schriftform, Art. 21 EuGH-Satzung

## B. Begründetheit

(+), wenn die von der Kommission/dem Mitgliedstaat behauptete Verletzung des Unionsrechts tatsächlich festgestellt werden kann

- Kein Verschulden erforderlich
- Prüfungsumfang: nicht nur Primär-, sondern auch Sekundärrecht (wg. Art. 17 EUV)
- Entscheidungsfolgen: Feststellung der Unionsrechtswidrigkeit mit Verpflichtung des Mitgliedstaates, Verstoß zu beseitigen (Art. 260 I AEUV); ggf. Verhängung eines Zwangsgeldes (Art. 260 II AEUV) auf erneuten Antrag der Kommission

  ⚠ Nach Art. 260 III AEUV möglich, Vertragsverletzung und Zwangsgeld in einem Verfahren geltend zu machen, sog. einstufiges Vertragsverletzungsverfahren!

# Nichtigkeitsklage, Art. 263 AEUV (1)

**Gegenstand:** Überprüfung von Unions(rechts-)akten auf Rechtmäßigkeit; Gestaltungsklage

## A. Zulässigkeit

### I. Zuständigkeit

- Grds. Gericht, Art. 256 I UAbs. 1 AEUV
- Gerichtshof, wenn Kläger = Mitgliedstaat/Unionsorgan, Art. 256 I UAbs. 2 AEUV i.V.m. Art. 51 EuGH-Satzung

### II. Aktive Parteifähigkeit

- Art. 263 II AEUV: Mitgliedstaaten, Europäisches Parlament, Rat, Kommission
- Art. 263 III AEUV: Rechnungshof, Europäische Zentralbank, Ausschuss der Regionen
- Art. 263 IV AEUV: natürliche und juristische Personen

⚠ Unterscheidung wichtig für Klagebefugnis (IV.)!

### III. **Klagegegenstand**, Art. 263 I AEUV

- Alle Gesetzgebungsakte
- Handlungen d. Rates/Kommission/Europäischen Parlaments/Europäischen Rates, die Rechtswirkungen gegenüber Dritten entfalten

  🔎 Rechtsakte i.S.d. Art. 288 II–IV AEUV, aber auch atypische Rechtsakte

### IV. Passive Parteifähigkeit

Einrichtung/Institution, deren Rechtsakt/Maßnahme angegriffen wird

# Nichtigkeitsklage, Art. 263 AEUV (2)

## A. Zulässigkeit (Fortsetzung)

### V. Klagebefugnis

- Art. 263 II AEUV: **privilegierte Klageberechtigte**, keine Klagebefugnis erforderlich
- Art. 263 III AEUV: **teilprivilegierte Klageberechtigte:** Wahrung ihrer eigenen Rechte
  mögliche Verletzung von Anhörungs-/Beteiligungs-/Informationsrechten
- Art. 263 IV AEUV: keine Privilegierung, sondern (alternativ!):
  - Angefochtene Maßnahme ist **an den Kläger gerichtet**
    - Kläger muss Adressat des Klagegegenstandes sein
    - Subjektive Betroffenheit/Rechtsverletzung muss dann nicht geltend gemacht werden
  - Kläger ist **unmittelbar und individuell betroffen**
    - Unmittelbare Auswirkung auf die Rechtsstellung des Klägers **und**
    - Kein Ermessensspielraum für erlassendes Organ
  - Rechtsakt mit Verordnungscharakter, Kläger unmittelbar betroffen, keine Durchführungsmaßnahme
    - Verordnungscharakter: alle Rechtsakte, die keine Gesetzgebungsakte i.S.d. Art. 289 AEUV sind
    - Unmittelbare Betroffenheit: wie zuvor

### VI. Klagefrist

- Dauer: 2 Monate, Art. 263 VI AEUV
- Beginn: Bekanntgabe/Mitteilung/Kenntniserlangung
  ⚠ Abweichung bei Rechtsakten: ab Veröffentlichung im Amtsbl. der EU zzgl. 14 Tagen, Art. 50 EuGH-VerfO
- Ende: Berechnung nach Art. 49 EuGH-VerfO, zzgl. pauschaler Entfernungsfrist von 10 Tagen, Art. 51 EuGH-VerfO

# Nichtigkeitsklage, Art. 263 AEUV (3)

## A. Zulässigkeit (Fortsetzung)

### VII. Form

- Schriftform, Art. 21 EuGH-Satzung
- Zusätzlich: Tatsachen vorbringen, nach denen das Vorliegen eines Nichtigkeitsgrundes i.S.d. Art. 263 II AEUV möglich ist, Art. 38 § 1 EuGH-VerfO bzw. Art. 44 § 1 EuG-VerfO

## B. Begründetheit

(+), wenn und soweit der angefochtene Rechtsakt mit einem oder mehreren der in Art. 263 II AEUV genannten Rechtsmängel behaftet ist und der Mangel entweder vom Kläger geltend gemacht wurde oder von Amts wegen zu beachten ist

- Unzuständigkeit
  - absolute: ➲ Handlung übersteigt die Unionskompetenz insgesamt
  - relative: ➲ EU-Organ wird im Zuständigkeitsbereich eines anderen Organs tätig
- Verletzung wesentlicher Formvorschriften: ➲ Verstoß gegen eine Verfahrens- oder Formvorschrift und mutmaßlich anderer Norminhalt bei Beachtung der Vorgabe
- Verletzung der Verträge oder einer bei deren Durchführung anzuwendenden Rechtsnorm: ➲ alle Verstöße gegen Primär- und Sekundärrecht, die nicht von anderen Nichtigkeitsgründen erfasst sind
- Ermessensmissbrauch: ➲ absichtliches Verfolgen rechtswidriger Ziele durch ein Organ mit Mitteln des Unionsrechts

  ⚠ Subsidiär ggü. anderen Nichtigkeitsgründen!

# Nichtigkeitsklage, Art. 263 AEUV (4)

## C. Wirkung der Entscheidung

- Wenn Begründetheit (+): angefochtener (Rechts-)Akt wird für **nichtig** erklärt, Art. 264 I AEUV = Gestaltungsurteil
- Wirkungen
  - **ex tunc:** (Rechts-)Akt ist von Anfang an nichtig
  - **erga omnes:** Entscheidung des Gerichts wirkt nicht nur zwischen den Prozessparteien (inter partes), sondern gegenüber jedermann
- Gericht kann bestimmte Wirkungen einer Verordnung fortgelten lassen, Art. 264 II AEUV
- Betroffenes Organ muss die vom Spruchkörper festgelegten Maßnahmen umsetzen, Art. 266 AEUV

# Vorabentscheidungsverfahren, Art. 267 AEUV (1)

**Gegenstand:** Auslegung/Prüfung von Unionsrecht auf Anfrage nationaler Gerichte

## A. Zulässigkeit

### I. Zuständigkeit

Gerichtshof mangels Satzungsregelung zugunsten Gericht, vgl. Art. 256 III UAbs. 1 AEUV

### II. Vorlageberechtigung: nationales Gericht

- Unionsrechtliche Auslegung des Begriffs
- Organisatorische und funktionale Kriterien maßgeblich

➲ jeder auf gesetzlicher Grundlage eingerichtete Spruchkörper, der eine ständige und obligatorische Gerichtsbarkeit ausübt und dazu berufen ist, auf der Grundlage eines rechtsstaatlich geordneten Verfahrens in richterlicher Unabhängigkeit Rechtsstreitigkeiten zu entscheiden

### III. Zulässige Vorlagefrage (Verfahrensgegenstand)

1. Ausreichender Bezug zum Unionsrecht: Unionsrecht muss anwendbar sein und Quelle für die Beantwortung der Vorlagefrage bilden
2. Abstrakte, aber nicht nur hypothetische Frage: Formulierung der Frage muss vom Ausgangsverfahren abstrahiert werden, muss aber weiterhin Verfahrensbezug erkennen lassen
3. Art der Fragestellung
   - **Auslegungsfrage**, Art. 267 I Buchst. a AEUV: Auslegung des nationalen Rechts anhand und unter Berücksichtigung des primären Unionsrechts

# Vorabentscheidungsverfahren, Art. 267 AEUV (2)

## A. Zulässigkeit (Fortsetzung)

**III. Zulässige Vorlagefrage** (Fortsetzung)

- **Gültigkeitsfrage**, Art. 267 I Buchst. b AEUV: Gültigkeit und Auslegung der Handlungen der Organe, Einrichtungen oder sonstigen Stellen der Union hinsichtlich des gesamten EU-Rechts

**IV. Entscheidungserheblichkeit**

- **Vermutung** für die Entscheidungserheblichkeit, Einschätzungsspielraum des nationalen Gerichts
- Widerlegung der Vermutung nur, wenn
  - Vorlagefrage steht offensichtlich in keinem Zusammenhang mit der Realität oder dem Gegenstand des Ausgangsverfahrens,
  - Vorlagefrage rein hypothetischer Natur ist oder
  - die zur Beantwortung der Vorlagefrage erforderlichen tatsächlichen oder rechtlichen Angaben sind unzureichend

Vorlagepflicht (Art. 267 III AEUV) ist keine Zulässigkeitsvoraussetzung (⇨ 66)!

## B. Beantwortung der Vorlagefrage

Keine Begründetheit im eigentlichen Sinne!

- **Auslegungsfrage:** Bestimmung des für die Auslegung einschlägigen Unionsrechts, Durchführung der Auslegung und konkrete Beantwortung der Frage
- **Gültigkeitsfrage:** Überprüfung der formellen/materiellen Unionsrechtmäßigkeit des EU-Aktes

# Vorabentscheidungsverfahren, Art. 267 AEUV (3)

## C. Wirkung

- Generelle **Bindungswirkung** für das nationale Gericht
- Speziell bei der **Gültigkeitsfrage:** bei Unionsrechtswidrigkeit der zur Überprüfung gestellten Anfrage kann nationales Gericht den Akt ebenfalls als ungültig ansehen (faktische erga-omnes-Wirkung)

## D. Vorlagepflicht

- Vorlagepflicht, Art. 267 III AEUV
  - Entscheidung des Gerichts kann nicht mehr mit Rechtsbehelfen innerstaatlichen Rechts angefochten werden (BGH, BVerwG, BFH, BAG, BSG) – Auch BVerfG hält sich selbst für vorlageverpflichtet!
  - nationales Gericht hält Sekundärrechtsakt für unwirksam und will ihn nicht anwenden
  - nationales Gericht beabsichtigt, mitgliedstaatlichen Akt, der Unionsrecht vollzieht, aufzuheben, nicht anzuwenden, auszusetzen
- **Ausnahmen** von der Vorlagepflicht
  - Rechtsfrage bereits durch Gerichtshof gelöst
  - Eindeutige Rechtslage im Unionsrecht **(acte clair)**
  - Richtige Anwendung des Unionsrechts ohne Zweifel **(acte éclairé)**
  - Eilverfahren, Vorlage im Hauptsacheverfahren möglich
- Verstoß gegen Vorlagepflicht
  - Unionsrechtlich: Verletzung des Art. 267 III AEUV, Vertragsverletzungsverfahren möglich
  - National: Verletzung des Rechts auf den gesetzlichen Richter, Art. 101 I 2 GG, wenn Auslegung und Anwendung des Art. 267 III AEUV nicht mehr verständlich erscheint und offensichtlich unhaltbar ist

# Sonstige Verfahren

## I. Untätigkeitsklage, Art. 265 AEUV

- Gegenstand: Feststellungsklage mit dem Ziel, das rechtswidrige Unterlassen eines Unionsorgans zu sanktionieren
- Einleitung durch Mitgliedstaaten, Unionsorgane (Ausnahme: Gerichtshof der EU), natürliche/juristische Personen möglich

  Bei nat./jur. Personen Klagebefugnis erforderlich (von potenziellem Rechtsakt betroffen)!
- Vorverfahren, Art. 265 II AEUV: Aufforderung zum Tätigwerden
- Subsidiarität ggü. Nichtigkeitsklage; Untätigkeitsklage nur möglich, wenn Organ gar nicht reagiert!
- Begründetheit: (+), wenn Pflicht zum Handeln besteht; (–) bei Ermessens-/Gestaltungsspielraum

## II. Amtshaftungsklage, Art. 268 i.V.m. Art. 340 II AEUV

- Gegenstand: Leistungsklage auf Zahlung einer bestimmten Schadenssumme oder Feststellungsklage auf Feststellung der Ersatzpflicht dem Grunde nach
- Ziel: individueller Rechtsschutz gegen Unionshandeln
- Anwendungsbereich:
  - Nur bei Schadensverursachung durch ein Unionsorgan bzw. deren Mitarbeiter, Art. 340 II AEUV (⇨ 68)
  - Nicht erfasst: Haftung der Mitgliedstaaten wegen der Verletzung der Verträge (⇨ 69)

# Haftung der EU für unionsrechtswidriges Verhalten

Art. 340 II AEUV: **Amtshaftungsanspruch** (vergleichbar § 839 BGB i.V.m. Art. 34 GG) für Fehlverhalten der Unionsorgane

## A. Voraussetzungen

### I. Handeln des Organs/der Bediensteten der EU

- Positives Tun oder pflichtwidriges Unterlassen (dann aber Handlungspflicht erforderlich)
- Sowohl administratives als auch normatives Handeln erfasst
- In Ausübung unionsrechtlicher Aufgaben = nicht nur bei Gelegenheit

### II. Rechtswidrigkeit

- Administratives Handeln: weite Auslegung, Verstoß gegen unionsrechtlich garantierten rechtsstaatlichen Grundsätze (🔍 Verhältnismäßigkeit, Vertrauensschutz) genügt
- Normatives Handeln: enge Auslegung, hinreichend qualifizierte Verletzung einer höherrangigen Schutznorm erforderlich; Anforderungen str.

### III. Umfang des Schadensersatzes

- Materielle und immaterielle Schäden ersatzfähig
- Haftungsausfüllende Kausalität: weite Adäquanztheorie

## B. Geltendmachung

Amtshaftungsklage, Art. 268 AEUV (⇨ 🗗 67)

# Haftung der Mitgliedstaaten für unionsrechtswidriges Verhalten (1)

## A. Herleitung

- Keine normative Regelung in den Verträgen
- Quelle: unmittelbar aus dem Wesen der europäischen Rechtsordnung
- h.M.: **eigenständiges Haftungsinstitut** des Unionsrechts ⚡

## B. Voraussetzungen

### I. Verletzung von individualschützendem Unionsrecht

Individualschutz:

- nicht nur, wenn Schutz des Bürgers bezweckt ist,
- sondern bereits dann, wenn eine hinreichend bestimmte und unmittelbar vollziehbare Norm tatsächlich den Schutz des Bürgers bewirkt

### II. Vorliegen eines hinreichend qualifizierten Verstoßes

- (+), wenn Mitgliedstaat seine Befugnisse offenkundig und erheblich überschritten hat
- Unproblematisch bei der nicht fristgemäßen Umsetzung von Richtlinien (⇨ 23), im Übrigen Wertungsfrage

### III. Unmittelbarer Kausalzusammenhang zwischen Pflichtverletzung und Schaden

(+), wenn Handlung nach der allgemeinen Lebenserfahrung typischerweise geeignet ist, den eingetretenen Schaden zu verursachen (Adäquanztheorie)

⚠ Kein Verschulden erforderlich!

# Haftung der Mitgliedstaaten für unionsrechtswidriges Verhalten (2)

## C. Fallgruppen

- Normatives Unrecht: Fehlverhalten des Gesetzgebers löst Anspruch aus
- Administratives Unrecht: behördliches Fehlverhalten löst Anspruch aus
- Judikatives Unrecht: gerichtliche Fehlentscheidung löst Anspruch aus
  ⚠ Keine Übertragung von § 839 II BGB!

## D. Anspruchsinhalt

- Haftungsfolgen nach nationalem Recht (insbes. §§ 249 ff. BGB)
- Berücksichtigung von **Äquivalenzgrundsatz** (Voraussetzungen nicht ungünstiger als bei Klagen, die nur nationales Recht betreffen) und **Effektivitätsgrundsatz** (Erlangung des Schadensersatzes darf nicht unmöglich gemacht oder übermäßig erschwert werden
  - Keine Übertragung der Subsidiarität aus § 839 I 2 BGB
  - Anwendbarkeit des Rechtsgedankens des § 839 III BGB (+), wenn Gebrauch des Rechtsmittels zumutbar
  - Anwendung der Verjährungsregeln der §§ 195 ff. BGB
  - Anspruchsgegner: nach nationalem Recht

## E. Geltendmachung

Durch Klage vor den Landgerichten, streitwertunabhängig zuständig (Rechtsgedanke aus Art. 34 S. 3 GG, § 40 II 1 VwGO, § 71 II Nr. 2 GVG)